KB040808

상트페테르부르크와
모스크바,
두 도시 이야기

여행자 K의 러시아 탐방기
상트페테르부르크와 모스크바,
두 도시 이야기

초판 1쇄 2019년 8월 22일 발행

지은이 여행자 K
펴낸이 김성실
책임편집 박성훈
교정교열 김태현
표지 디자인 이창욱
본문 디자인 채은아
제작처 한영문화사

펴낸곳 시대의창 **등록** 제10－1756호(1999. 5. 11)
주소 03985 서울시 마포구 연희로 19－1
전화 02)335－6121 **팩스** 02)325－5607
전자우편 sidaebooks@daum.net
페이스북 www.facebook.com/sidaebooks
트위터 @sidaebooks

ISBN 978－89－5940－681－4 (03920)

이 도서의 국립중앙도서관 출판시도서목록(CIP)은
서지정보유통지원시스템 홈페이지(http://seoji.nl.go.kr)와
국가자료공동목록시스템(http://www.nl.go.kr/kolisnet)에서 이용하실 수 있습니다.
(CIP제어번호: CIP2018034843)

시대의창

나쁜 평화라도

좋은 전쟁보다는 낫다.

- 러시아 속담

머리말

고춧가루의 비밀을 찾아 떠난 여행

러시아와의 첫 만남은 이상하게 찾아왔다. 러시아라는 나라가 내 머릿속에 확실하게 각인된 것은 열네댓 살 무렵 추풍령 언저리 시골 중학교 교실에서였다. 당시에는 '소련'이란 나라였다. 어느 날 선생님이 수업하다 말고 뜬금없이 물었다. "너희 공부하기 지루하지?" 학생들이 의아해하며 반응을 보이지 않자 선생님은 학생들 눈치를 보며 솔깃한 미끼를 던졌다. "내가 재미난 얘기 하나 들려줄게." 그 선생님의 '재미난 얘기' 속에 소련이 있었다.

"너희 나중에 커서 소련 여자 만나면 조심해야 한다. 소련 여자들은 항상 고춧가루를 들고 다니니까."

정말 자다가 봉창 두드리는 소리였다. 중학교 수업 시간에 소련 여자 그리고 고춧가루가 왜 갑자기 튀어나오는가. 더구나 역사나 지리 과목도 아니어서 수업과 러시아는 아무 관련이 없었다. 평소 이상한 이야기를 자주 해서 시골 촌뜨기들을 깜짝 놀라게 하던 분이었지만, 이날 소련 이야기는 황당하기가 하늘을 찔렀다. 서울은커녕 도시 한번 구경해본 적 없는 1970년대 촌뜨기들에게 소련은 언감생심 꿈도 못 꾸는 나라였다. 공산국가의 큰형님이던 소련은 함부로 방문할 수 있는 나라도 아니었고, 시골에서 고등학교만 졸업하고 조상 대대로 지켜온 고향 땅에서 농사짓고 사는 것을 운명으로 여겼기에 선생님 이야기는 한 귀로 듣고 논두렁으로 흘려버렸다. 내가 소련에 갈 일은 달나라에 가서 토끼와 방아 찧을 확률보다 낮았으니까.

학생들 반응이 신통치 않자 선생님은 "야, 그만하고 다시 책들 펴지"라며 진도를 나갔다. 수업은 끝났지만, 논두렁에 흘려버렸던 선생님의 이야기가 내 귓바퀴로 돌아와 왱왱거리며 묘한 호기심을 자극했다. '소련 여자들은 고춧가루로 핵무기를 만드나?' '시베리아에는 호랑이와 곰, 늑대가 많다더니 호신용으로 고춧가루를 들고 다니나?' '추운 시베리아에서는 미숫가루처럼 고춧가

루를 타 마시나?'

어쩌다 나는 시골에서 농사지을 운명을 거슬러 서울에 있는 대학으로 진학했다. 1980년대 대학가는 딴판이었다. 어릴 적 '악마의 제국'이던 소련은 '지상낙원'으로 변해 있었다. 엉뚱한 선생님 때문에 나에게 '고춧가루의 나라'로 각인된 소련은 평등이 물결처럼 넘치는 혁명의 나라였고, 그 혁명과 보드카가 어깨동무하고 발레를 추는 지상낙원이었다. 무용가 최승희가 동경했던 환상의 나라였고, 시인 김기림이 말한 고상한 소문의 나라였다. 두꺼운 《소련 혁명사》의 책장을 넘길 때마다 이상하게도 나는 잊었던 고향 생각이 나듯 선생님의 고춧가루 이야기가 떠올랐다.

다른 편에서 들려오는 러시아 이야기는 크렘린의 음흉한 풍문이었다. 북극곰이 보드카에 취해 길거리에서 자고 있다는 풍문도 그렇고, KGB가 스파이를 증기기관차 화실에서 태워 흔적도 없이 처리했다는 소문도 그렇다. 러시아는 정말 기괴한 소문과 풍문으로 가득한 비밀의 나라였다.

알다가도 모를 이상한 나라였다. 어느 것이 진짜 러시아의 얼굴인지 헷갈렸다. 하루아침에 차르 1인이 통치하던 전제 정치를 부수고 공산 정치로 통치 체제를 회까닥 바꿔버린 놀라운 나라였다. 그것도 세계 최초로. 그러다가 70여 년 뒤 '이게 아닌가벼!' 하며 반나절 만에 후다닥 공산 체제를 때려 부수고, 나머지 반나절 만에 뚝딱뚝딱 자본주의를 세운 신기한 나라였다. 마침내 1991년 '소비에트사회주의공화국연방'이라는 긴 이름의 소련은 역사박물관으로 영원히 떠나버리고, '러시아'라는 단 세 글자의 나라가 나타났다. 한때 혁명이란 이름으로 지상낙원을 꿈꿨던 소련의 마지막 풍경은 상점 앞에 길게 늘어선 굶주린 인민의 행렬이었다. 러시아 차르가 '빵' 때문에 붕괴했는데, 공산주의 역시 '빵'으로 무너졌다. 도대체 빵이 뭐길래.

철의 장막이 걷히면서 냉전에 갇혔던 비밀의 문이 활짝 열렸다. 시베리아 횡단열차가 눈밭을 헤치며 달리는 영화 〈닥터 지바고〉의 낭만의 철길에는 강제 이주한 우리 고려인의 아픔이 소북소북 쌓여 있었다. 한반도에서 사라진 백두산 호랑이가 아무르 호랑이라는 이름으로 창씨개명 당해 시베리아에 살고 있다는 놀라운 소식도 들려왔다. 오래전 곶감이 무서워 한반도에서 도망친 그 겁쟁이 백두산 호랑이가 멀리 시베리아에서 살고 있다니! 과거 우리 선조들이 열차를 타고 시베리아를 거쳐 유럽까지 갔다는 이야기도 다시 사람들 입에 오르내렸다.

러시아가 나를 부르기 시작했다. 꿈결에 칙칙폭폭, 시베리아 횡단열차가 달리는 소리가 들렸다. 열차의 환청이 끊임없이 나를 괴롭혔다. 시베리아 정령이 부르는 소리였다. 그 마법의 덫에서 벗어나려고 발버둥치던 어느 날 새벽, 치익, 시베리아 횡단열차의 기적 소리가 나를 깨웠다. 주저 없이 시베리아 횡단열차에 올랐다. 그때가 2001년, 소련이 망한 지 오래되지 않아 공산주의의 평등과 자본주의의 자유가 뒤엉켜 혼란스러운 모습이었다. 2001년 5월 첫 러시아 여행은 모스크바에서 시베리아 횡단열차를 타고 몽골 울란바토르를 거쳐 중국 베이징을 지나 압록강 단둥까지 가는 보름간의 대장정이었다.

첫 러시아 여행 이후 나는 시간만 나면 배낭을 메고 시베리아로, 러시아로 떠났다. 2001년 10월에는 러시아 블라디보스토크와 우수리스크 등 연해주 독립유적지를 탐방했고, 2014년, 2016년에는 상트페테르부르크와 모스크바, 이르쿠츠크, 하바롭스크, 블라디보스토크를 찾았다. 주로 시베리아 횡단열차를 통한 여행이었다. 속도의 쾌감을 만끽하는 디지털 시대에 느림의 미학을 즐기는 아날로그 여행을 하는 이유는 무엇일까? 러시아의 진짜 모습은 느리게 달리는 시베리아 횡단열차에서 볼 수 있기 때문이다. 시베리아 횡단열차는 타임머신을 타고 가는 과거로의 여행이며, 꿈을 싣고 달리는 환상의 여행이며, 미래로 나아가는 '은하철도 999'이다. 철길에는 역사가 겹겹이 쌓여 있다. 우리 민족, 러시아, 일본, 중국, 미국의 역사, 그리고 저 멀리 체코의 역사까지. 유럽에서 아시아까지 이르는 철길이다 보니 세계의 역사가 씨줄과 날줄로 엮이고, 현실과 꿈이 가로와 세로로 공존하고,

사연과 이야기가 위아래로 뒤엉켜 있다. 우리가 오래전 잃어버린 대륙도 시베리아에 있다. 남북한과 러시아를 철도로 연결하는 '철의 실크로드'야말로 잃어버린 대륙으로 가는 길이다.

러시아는 아는 만큼 더 깊은 모순의 늪으로 빠지는 나라다. 섬세한 상트페테르부르크와 웅장한 모스크바, 모성애를 품은 바이칼 호수와 부성애 넘치는 블라디보스토크 항구, 동쪽의 아시아와 서쪽의 유럽, 북극과 열대, 아름다운 양파 돔 성당에 어른거리는 피의 제국, 러시아 정교회의 순백한 영혼 톨스토이와 프랑켄슈타인의 괴물 스탈린….

러시아는 백설기보다 더 하얀 시베리아의 눈 위에 핏빛의 잔혹한 동화가 숨어 있는 나라다. 그런데 또 러시아는 시인의 마을이자 예술의 나라가 아닌가. 러시아에는 푸시킨과 마야콥스키의 시가 있고, 톨스토이와 도스토옙스키의 소설이 있고, 차이콥스키와 쇼스타코비치의 음악이 있고, 볼쇼이와 마린스키의 발레가 있고, 에르미타시와 트레차코프의 미술이 있다. "모든 여자는 러시아 시인을 사랑한다." 이런 모순을 가득 품은 러시아는 어쩌면 영원히 이해할 수 없는 나라일지도 모른다. "러시아는 머리로는 이해할 수 없고 가슴으로 이해해야 한다"라는 속담이 달리 생긴 게 아니다.

이제 러시아의 비밀은 대부분 풀렸다. 냉전 이데올로기가 사라지면서 편견과 오해의 껍질은 한 꺼풀씩 벗겨지기 시작했다. 아직 풀지 못한 유일한 비밀은 선생님이 이야기한 '고춧가루'다. 그렇다고 언제까지 시베리아 횡단열차만 타고, 시도 때도 없이 러시아만 여행하며 인생을 허비할 수는 없다. 선생님이 그냥 웃자고 한 얘기에 내가 엄청난 의미를 부여하며 러시아 탐방이라는 황당한 짓을 벌이고 있는지도 모른다. 번지수가 틀렸으면 빨리 되돌아가야 한다. 나는 시골 초등학교 1학년 때 옆자리 끝순이가 나를 좋아하지 않는다는 사실을 깨닫고는 곧바로 뒤쪽의 말자에게 눈길을 주었다.

이번 러시아 탐험은 반드시 고춧가루의 비밀을 풀고야 말겠다는 야무진 각오를 안고 떠났다. '인디아나 존스'와 '툼 레이더'가 된 기분으로. 《파타고니아》를 쓴 영국 작가 브루스 채트윈은 어릴 적 할머니 집에 있던 브론토사우루스(사실은 밀로돈이었지만)의 가죽 조각에 대한 고고학적 관심으로 남미 파타고니아 여행에 나섰는데, 나는 고작 정체를 알 수 없는 고춧가루의 비밀을 찾아 러시아 여행을 떠난다고 비웃을지도 모르겠다. 여행의 이유치고는 너무 시시하고 유치하다고. 그러나 누가 알겠는가? 시작은 미약하나 끝은 창대할지. 그 속에 진짜 러시아의 보물이 들어 있을지도. 일단 떠나야 여행이고, 무작정 끝까지 가봐야 여행이다. 러시아 여행은 그렇게 시작됐다.

목차

1

러시아로 가는 길

상트페테르부르크
모스크바
러시아

꿈같은 여정의 시작

이번 러시아 여행은 초장부터 일이 술술 풀렸다. 첫 기착지인 상트페테르부르크에 도착하기 전부터 놀라운 일이 벌어졌다. 그것도 비행기 안에서. 짜릿하면서도 멋진 일이었다. 비행기를 타고 가면서 여행자를 흥분시키는 일이 무엇이겠는가? 이미 비행기 표는 제값을 주고 샀으니 비행기 안에서 할인 혜택을 받을 리도 없고, 아리따운 여승무원이 특별히 나한테만 윙크를 날릴 리도 없고, 내 옆자리 승객이 갑자기 탈이 나서 탑승을 포기하는 바람에 두 좌석을 혼자서 편하게 타고 갈 일도 없다. 그렇다고 인천공항에서 상트페테르부르크로 가는 하늘 위에 갑자기 무지갯빛 오로라가 짠 하고 나타나 내 눈을 즐겁게 해줄 리도 없다.

오랜 시간 비행기를 타본 사람은 안다. 옆 좌석에 누가 타는가가 여행자의 행복지수에 얼마나 큰 영향을 주는지. 그렇다, 내 옆에 눈부실 만큼 아리따운 러시아 아가씨가 앉았다. 일생일대의 행운이었다. 열 시간이나 가야 하는 길고 지루한 비행에서 이보다 멋진 일이 있을까? 그녀의 미모도 미모지만, 나는 이번 기회에 고춧가루의 비밀을 풀 수도 있겠다는 기대감에 가슴이 콩닥콩닥 뛰었다. 몇 차례의 러시아 방문 동안 이런 행운은 꿈도 꾸지 못했다. 드디어 오랜 수수께끼를 풀 순간이 찾아왔다. 여행 초장에 너무 싱겁게 비밀의 문이 열리는 것은 아닐까?

하지만 말이 통하지 않으니 뭘 할 수 있겠는가? 영화 〈곡성〉에 나오는 소녀가 내 머리통을 세게 때렸다. "뭣이 중한디?" 러시아 말도 못하는 주제에 정신 차리라는 뜻이다. 너무 빨리 김칫국부터 마셔버렸다. 내 옆의 러시아 아가씨가 한국말을 할 리도 없을 테니 우리 인연은 이것으로 끝이었다. 그때 붓다의 가르침이 갑자기 떠올랐다. 서로가 말은 못해도 마음을 전하는 기발한 방법이 있지 않은가? 그래, 염화미소다. 외국 사람들도 웃는 얼굴에는 침을 뱉지 않는다. 내가 오랜 배낭여행에서 깨달은 값진 교훈이다.

나는 복도 쪽에 앉아 있었고, 그녀의 자리는 창가 쪽이었다. 뒤

늦게 들어온 그녀가 나를 보더니 씩 웃었다. 물론 관심의 표현이 아니라 창가 쪽으로 들어갈 테니 잠시 좀 일어나달라는 뜻이라는 것쯤은 나도 안다. 어쨌든 그녀의 염화미소에 나도 염화미소로 답하며 일어났다. 그녀는 자리에 앉더니 나를 보고 다시 씩 웃었다. 누가 붓다고 누가 마하가섭인지는 몰라도 미소만으로 뜻이 충분히 전달됨을 확인한 순간이었다. 역시 인간 최고의 언어는 표정, 보디랭귀지다. 그중에서도 최고는 염화미소다.

그러나 염화미소도 한두 번이지, 자꾸 실없이 웃어대면 맛이 좀 간 놈 취급당하기 마련이다. 이럴 때는 시선을 중앙으로 모으고 승객 본연의 자세로 돌아가 여행 책자를 읽는 것이 최선이다. 나는 가지고 온 《론리 플래닛》 러시아 여행 책자를 뒤적거렸다. 역시 책은 최고의 수면제다. 10분도 안 되어 스르르 선잠이 들었다. 한참을 잤나 싶은데, 꿈속에서 소리가 들리는 듯했다.

"저기요, 물 좀 주실래요?"

어떤 여자 승객이 승무원을 부르는 소리가 어렴풋이 들렸다. 나도 갈증이 나던 차라 게슴츠레 눈을 떴다. 그런데 아무리 둘러봐도 내 주위에 한국 여자 승객은 보이지 않았다. 귀신이 곡할 노릇이었다. 분명히 단군을 조상으로 둔 호모사피엔스가 사용하는 언어로 한국 승무원에게 물을 달라고 하는 소리를 들었는데…. 내가 잠결에 헛소리를 들었나?

그런데 잠시 후 승무원이 물컵을 들고 와 내 옆에 있는 러시아 아가씨에게 건네줬다.

"여기 있습니다."

"고맙습니다."

이게 무슨 일인가? 내 옆의 러시아 아가씨가 한국말로 감사 인사를 하고 있었다. 그것도 유창하게. 놀라운 표정으로 그녀를 쳐다봤다.

"아니, 한국말을 잘하시네요."

"과찬의 말씀이세요. 그냥 쪼끔 해요."

"아니, 과찬의 말씀이란 말까지 알아요?"

"이까짓 것 가지고 뭘 그래요. 저는 초짜예요. 서울에는 한국말 잘하는 외국인들 정말 많아요."

그녀의 한국말 수준은 점입가경이었다. 한국말이라면 나도 어디 내놔도 꿀릴 게 없는 사람 아닌가? 내가 가장 잘하는 언어가 한국말 아닌가? 여행한답시고 배낭 메고 세계 곳곳을 헤매고 다니지 않았던가? 외국 사람치고 이렇게 한국말 잘하는 사람은 보지 못했다. 말문이 트이자 염화미소는 슬그머니 뒷자리로 사라졌다. 그녀는 상트페테르부르크에서 의과대학을 나온 뒤 한국 대학원에 가기 위해 2년째 서울의 한국어학당에서 우리말을 배우고 있는 유학생이었다. 그녀의 이름은? 그냥 '나타샤'라고 하자.

소설 《전쟁과 평화》의 여주인공이나 백석의 시를 거론하지 않더라도 나타샤는 러시아 여자 이름으로 가장 흔하니까. 나는 그녀의 진짜 이름을 알지만, 여행기에 실명을 써도 괜찮은지 사전 허락을 받지 못했으니 그녀의 명예를 위해 가명을 쓰는 것을 이해해주기 바란다. 나타샤라는 이름은 그녀의 이미지와도 딱 들어맞는다.

그녀와 나는 대화할수록 죽이 착착 맞았다. 내가 광대의 소리를 맡고, 그녀가 맞장구를 치며 멋지게 '얼씨구!' 고수의 추임새를 넣는 판소리 같은 대화였다. 러시아 문화와 역사, 정치경제를 가리지 않고 전방위로 대화의 폭을 넓혀갔다. 즐거운 대화 삼매경에 빠져들 무렵, 제기랄! 갑자기 승무원의 안내 방송이 들려왔다. "잠시 후 비행기는 상트페테르부르크 풀코바 국제공항에 착륙할 예정입니다." 고속버스는 중간에 휴게소에 들러 쉬었다 가는데, 비행기는 뭐가 그리 급하다고 휴게소에도 들르지 않고 쏜살같이 날아가는지 모르겠다. 결국 비행기는 풀코바 국제공항에 착륙했다. 밤 10시 5분. 다들 서둘러 일어나 짐을 꺼내 치타처럼 빠져나가는데, 나무늘보처럼 느릿느릿 걸어가는 승객이 하나 있었으니, 물어보나 마나 나다.

"좋은 구경 하세요."

나타샤가 비행기에서 내리며 나에게 남긴 마지막 말이었다.

왜 이렇게 멋진 만남은 영원으로 이어지지 않고, 언제나 찰나로 끝나는 것일까? 나는 비행기 속에서 셰익스피어의 '한여름 밤의 꿈'을 꾼 것인가, 아니면 장자의 '나비 꿈'을 꾼 것인가? 러시아 여행은 이처럼 시작부터 꿈같은 여정이었다.

고춧가루의 비밀 이야기 1

나타샤의 뒷머리가 비행기 출구를 빠져나갈 때쯤 문득 떠올랐다. 러시아 여자들이 왜 고춧가루를 가지고 다니는지 물어보지 못했다는 사실이. 러시아 미녀 앞에서 자작나무만을 떠올리다 정작 중요한 질문을 깜빡했다. 러시아 여자에게서 직접 고춧가루의 비밀을 풀 절호의 기회는 이렇게 날아가 버렸다.

2

'그 여자' 상트페테르부르크

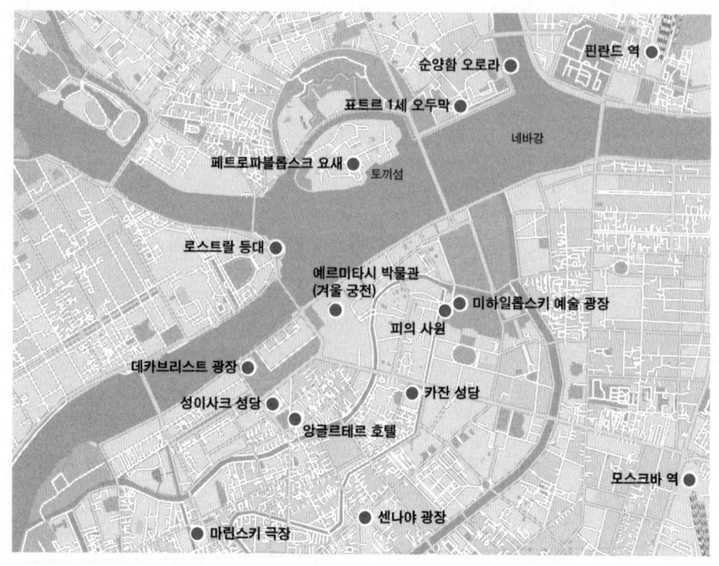

상트페테르부르크는 팜므파탈이었다. 뱃사공이 죽음을 예감하면서도 세이렌의 노래에 어쩔 수 없이 빨려가듯 나는 그녀의 치명적 유혹에 질질 끌려갔다. 나는 상트페테르부르크를 구경한 것이 아니라 그녀가 부르는 곳으로 쫄랑쫄랑 따라갔을 뿐이다. 그러나 그 길은 고통과 죽음의 길이 아니었다. 환희와 마법의 길이었다. 누군가 '미드나잇 인 상트페테르부르크'라는 영화를 만든다면 그 주인공이 되고 싶을 만큼 매력적인 도시였다. 그녀라면 나는 언제라도 기꺼이 유혹에 넘어가리라. 《죄와 벌》의 아름다운 매춘부 소냐가 가슴으로 눈물을 흘리고, 안나 파블로바가 나비처럼 춤추는 상트페테르부르크는 잠자는 숲속의 공주였다. 누가 진실한 사랑의 입맞춤으로 그녀, 오로라 공주를 깨울 것인가? 지구 어딘가 환각의 도시, 환영의 도시가 있다면 바로 상트페테르부르크일 것이다.

여긴 러시아가 아니라 유럽이잖아!

그날 밤 호텔에서 꿈을 꿨다. 비행기에서 만난 나타샤와 함께 시베리아 횡단열차를 타고 타이가 숲과 대초원을 달리는 멋진 장면을. 우랄산맥을 지나는 철길 옆으로 사슴이 뛰어다니고, 시베리아 초원에서는 여우가 신기한 듯 열차를 힐끔거리고, 바이칼 호수에서는 흑곰이 고기를 잡느라 정신이 없고, 하바롭스크를 지나 블라디보스토크로 가는 우수리강 변에는 시베리아 호랑이가 열차 위를 휙휙 날아다녔다. 정말 환상적인 장면이었다. 이번 러시아 여행은 마지막까지 현실과 환상을 넘나드는 소설 같은 여정이 펼쳐질 것만 같았다. 내가 늘 꿈꾸던 '환상적 리얼리즘 여행' 말이다.

나타샤 꿈은 결코 개꿈이 아니었다. 다음 날 오전 상트페테르부르크 거리에 나섰을 때 나도 모르게 탄성을 질렀다. "여긴 러시아가 아니라 유럽이잖아!" 상트페테르부르크의 첫인상은 정말 강렬하고 황홀했다. 환상적인 도시 그 자체였다. 어제 비행기에서 만난 나타샤가 태어나고 자란 도시다웠다. 우리 머릿속의 그렇고 그런 러시아 도시가 아니었다. 멋대가리 없고 무표정한, 마피아같이 험상궂은 러시아 도시 말이다. 상트페테르부르크는 러시아 도시에 대한 편견을 한 방에 날려버리는 매혹적인 도시였다. 도시 전체가 문화유산으로 가득 찬 박물관이다. 네바강을 뒤로하는 넵스키 대로에 들어서자 예르미타시 박물관을 비롯해 궁전, 성당, 수도원, 미술관, 극장이 고풍스러운 18세기 귀족의 모양새를 뽐내고 있었다. 거리를 걷는 사람들의 얼굴도 유럽 여느 도시의 멋쟁이처럼 밝고 화사했다. 오래전 아프리카를 여행했을 때 남아프리카공화국에서 받았던 그 느낌이었다. "여긴 아프리카가 아니라 유럽이잖아!" 남아공이 '아프리카 속 유럽'이었다면, 상트페테르부르크는 '러시아 속 유럽'이었다. 나는 상트페테르부르크 시내를 환각 속에 걷다가 환영을 보고 몽환으로 빠져들었다.

이곳에 살았던 도스토옙스키는 1847년 단편 〈페테르부르크 연대기〉에서 이렇게 말했다.

운하가 흐르는 상트페테르부르크 시내

"여러분과 페테르부르크에 관해 이야기를 나누고, 또 여러분을 위해 페테르부르크 연대기를 쓴다는 것이 얼마나 기분 좋은 일인지 여러분은 상상할 수 없을 것이다! 이것은 직무라기보다는 최고의 만족이다."

도스토옙스키가 말한 대로 상트페테르부르크라는 도시를 소개한다는 것은 여행자로서 더없이 즐거운 일이다. 상트페테르부르크에 대한 나의 첫인상은 틀린 것이 아니었다. 1703년 표트르 대제가 작심하고 유럽형 도시로 만든 새로운 수도가 상트페테르부르크였다. 네바강 변에 도시를 건설한 이유는 바다로 나가는 항구 도시를 꿈꿨기 때문이다. 상트페테르부르크는 네바강에서 핀란드만을 통해 발트해로 가는 지름길이다. 그에게 바다는 유럽으로 가는 길이고, 러시아의 미래였다. 네바강 하구에 자리 잡은 상트페테르부르크는 101개의 섬과 19개의 운하, 그리고 500여 개의 다리가 거미줄처럼 얽혀 있다.

애초 타고난 얼굴은 바뀌지 않는다는 원판 불변의 법칙이 있다. 상트페테르부르크의 원판은 유럽이었다. 러시아 전통 양식을 가미했다 해도 상트페테르부르크는 유럽 냄새를 풀풀 풍긴다. 그래서 상트페테르부르크를 '유럽으로 향하는 창'이라 부른다. 12세기 중엽에 세워진 모스크바의 '종교적·동방적 중세'를 거부하고, 18세기 초 상트페테르부르크를 통해 '실용적·유럽적 근대'를 도입하려 한 표트르 대제의 이상이 도시 곳곳에 살아 있다.

상트페테르부르크라는 이름부터 유럽을 향하고 있다. 라틴어 '상트'는 영어로 성스럽다는 뜻의 '세인트'이고, '부르크'는 독일어로 '도시'를 의미하며, 이름의 뼈대인 '페테르'는 네덜란드어인데 영어로는 '피터', 우리말로는 '베드로', 러시아어로는 '표트르'이다. 아하, 그럼 베드로=페테르(네덜란드어)=표트르(러시아어)이니 상트페테르부르크는 '성 베드로의 도시'이면서 '성 표트르의 도시'구나! 영악한 표트르 대제여! 표트르 대제는 도시 이름에 은근슬쩍 자기 이름을 끼워 넣었다.

베드로는 원래 넓고 평평한 큰 돌인 '반석'을 의미한다. 어원을 따져보면 상트페테르부르크는 '성스러운 돌의 도시'란 뜻이 되는데, 실제로 이곳은 표트르 대제가 늪지대에 돌을 쌓아 만든 도시다. 상트페테르부르크의 수호성인 역시 러시아 정교회의 페테르, 즉 베드로다. 우연의 일치치고는 놀랍지 않은가? 성스러운 '베드로의 도시' '표트르의 도시' '돌의 도시'라는 뜻의 상트페테르부르크라는 이름에 도시의 유래가 모두 들어 있으니 말이다.

도시 이름에 담긴 뜻만 제대로 알아도 상트페테르부르크가 한눈에 들어온다. 러시아의 정체성을 유럽에서 찾으려 했던 표트르 대제를 생각하니 터키 건국의 아버지 무스타파 케말 아타튀르크가 떠오른다. 지리적으로 동서양에 걸쳐 있는 두 나라의 정체성을 종교보다는 실용적 과학에서 찾고, 산업화와 근대화에 앞선 유럽에서 조국의 미래를 찾고자 했다는 점에서 두 사람은 형님 동생뻘이다.

상트페테르부르크는 여행 전에 역사적 지식을 충분히 갖춰야 한다. 그렇지 않으면 여행이 끝난 뒤 피상적 인상만 남고 구체적 사실은 하나도 남지 않는 '여행의 공동화'가 일어난다. 도시 자체가 다층적 역사와 다양한 문화가 겹겹이 쌓인 중첩 도시의 전형이

상트페테르부르크의 거리

기 때문이다. 황제의 전제와 민중의 저항, 혁명과 반혁명, 사회주의와 자본주의가 씨줄과 날줄로 교차하고, 시간과 공간이 뒤섞인 타임머신의 도시다. '유럽으로 향하는 창' 상트페테르부르크는 네바강과 수많은 운하로 이뤄진 '북방의 베네치아', 사적과 문화유산이 즐비한 '북방의 팔미라'다.

현지를 여행한 뒤 나는 상트페테르부르크에 커다란 역사의 길이 네 가지 존재한다는 사실을 발견했다. 황제의 길, 문화의 길, 혁명의 길, 그리고 조선 독립의 길이다. 이 네 길이 얽히고설키면서 아름다운 상트페테르부르크를 만들고 있었다. 나의 여행기는 이 네 개의 길을 따라가는 도시 기행이다. 내가 발견한, 어떤 가이드북에도 없는, 지식재산권이 나에게 있는 '상트페테르부르크로 가는 길'을 지금부터 독자 여러분께 공개하려고 한다. 여행에서 정보를 독점하는 사람만큼 나쁜 놈은 없다는 것이 나의 여행 철학이기 때문이다.

황제의 길

오늘 첫 시내 탐방은 황제의 길이다. 차르의 길이라 해도 좋다. 차르는 황제의 러시아식 말이니까. 러시아어 '차르'는 로마의 '카이사르Caesar'에서 왔는데, 영어로는 '시저'다. 황제의 길을 따라 걷다 보면 역사의 커다란 줄기가 보인다. 러시아는 오랫동안 '짐이 곧 국가다'라는 절대군주제에 뿌리를 두었기에 황제의 길은 곧 러시아의 역사였다. 그러나 작용에는 반작용이 있듯이 황제에 대항하는 민중의 저항이 있었다. 지난 천여 년의 러시아 역사는 한마디로 권력의 주인을 놓고 벌인 차르와 민중의 피나는 싸움이었다.

황제의 길 중 첫 번째 목적지는 두말할 필요 없이 네바강 변의 예르미타시 박물관이다. 옛 러시아 황제의 겨울 궁전이자 지금은 세계적 미술관이다. 상트페테르부르크에서 단 한 군데만 구경한다면 바로 이곳이다.

이미 만반의 준비를 했다. 여행 책자의 지도에는 내가 찾아갈 장소가 동그랗게 표시되어 있다. 어디든 여행을 하기 전에는 먼저 지도부터 봐야 한다. 종이 지도든 스마트폰의 구글지도든 상관없다. 지도를 펼쳤으면 그 도시를 상징하는 강이나 도로, 건축물에 잔뜩 눈독을 들여야 한다. 이들 상징물이 북극성처럼 도시 여행에서 나침반 역할을 하기 때문이다. 그런 다음 내가 갈 장소를 지도에 사정없이 팍팍 눌러 표시해둔다.

상트페테르부르크 지도를 보면, 서울의 한강처럼 도시 한복판을 가로지르는 네바강이 눈에 들어온다. 라도가 호수에서 흘러내린 네바강 강물은 상트페테르부르크 시내 중심을 통과한 뒤 핀란드만으로 빨려 들어가 발트해로 합류한다. 네바강을 사이에 두고 유명한 예르미타시 박물관이 있는 역사 지구와 그 건너편의 페트로그라츠키섬과 바실리옙스키섬으로 나뉘는데, 여행자들이 주로 찾는 곳은 유적지가 집중되어 있는 역사 지구다. 역사 지구에서 가장 중요한 도로가 서울의 광화문 같은 넵스키 대로다. 네바강과 넵스키 대로를 파악했다면 헤맬 이유가 없다.

이제 본격적으로 상트페테르부르크 시내 탐방에 나설 차례다.

상트페테르부르크라는 숲이 어떻게 생겼는지 대충 감을 잡았으면, 나무를 찾아 도심 속 골목길로 뛰어들어야 한다. 어차피 여행이란 나무를 찾아 숲속으로 들어가 헤매다가 다시 숲 밖으로 나오는 것이다. 나는 가벼운 트레킹화 끈을 단단히 매고, 작은 배낭을 메고 거리로 나섰다.

역사의 현장 궁전 광장

호텔에서 출발한 버스는 모스콥스키 대로를 따라 예르미타시 박물관으로 향했다. 버스 안에서 현지 가이드는 러시아의 아침 인사가 "더불어 웃더라"라며 우스갯소리를 했다. '안녕하세요'라는 뜻의 "도브로예 우트로(До́брое у́тро)"를 재미있게 표현한 것이다. 또 가이드는 숫자 4로 러시아라는 나라를 한마디로 정리했다. "러시아에서 400킬로미터는 거리도 아니고, 영하 40도는 추위도 아니고, 도수 40도는 술도 아니다." 러시아는 서쪽 발트해에서 동쪽 태평양까지 동서 길이가 9000킬로미터가 넘을 정도로 땅이 크고, 영하 70도 아래로 내려갈 만큼 추우며, 그래서인지 90도짜리 독한 보드카도 있다. 러시아의 지리적 특성을 이보다 명쾌하게 정리할 수는 없다.

어떤 여행자가 가이드에게 왜 '상트빼쩨르부르크'라 부르지 않고 '상트페테르부르크'라고 부르냐고 질문했다. 여행자의 진지한 표정으로 봐서 그냥 농담은 아니고 실제로 궁금했던 모양이다. 러시아어 표기는 'Санкт-Петербург'인데, 누구는 '상크트페테르부르크' 혹은 '산크트페테르부르그'라 부르기도 한다. 외래어는 발음하는 사람에 따라 다 다르기에 국가에서 편의상 외래어 표기법에 따라 '상트페테르부르크'라고 표기하기로 결정한 것이다. 물론 상트빼쩨르부르크라 부른다고 국가가 나서 처벌하지는 않는다. 외래어 표기법 규정을 찾아보니 다행스럽게도 이를 따르지 않을 경우의 처벌 조항은 없었다.

어찌 됐든 가이드의 설명에 아침부터 웃다 보니 어느새 버스는 넵스키 대로를 지나 예르미타시 박물관 앞 궁전 광장에 도착했다. 궁전 광장 한가운데는 1812년 나폴레옹과의 조국 전쟁에서의 승리를 기념해 세운 '알렉산드르 원기둥'이 높이 솟아 있었다. 당시 황제였던 알렉산드르 1세를 기리는, 하늘을 찌를 듯한 높이 47.5미터의 원기둥은 러시아의 영광과 자부심을 상징한다. 나폴레옹을 물리친 조국 전쟁은 히틀러를 격퇴한 제2차 세계대전의 대조국 전쟁과 함께 러시아인이 가장 자랑스러워하는 역사다. 광장 오른편에는 아치 모양의 참모본부 건물이 웅장한 모습을 드러내고 있는데, 참모본부 옥상에는 여섯 마리 말이 끄는 기마전차상이 조국 전쟁 승리를 만끽하고 있다. 이때만 해도 세계 최강 나

궁전 광장과 알렉산드르 원기둥

폴레옹을 물리친 차르 체제는 영원하리라 믿었다.

궁전 광장은 프랑스 콩코르드 광장을 닮았다. 궁전 광장의 알렉산드르 원기둥, 웅장한 반원형 참모본부 건물, 네바강은 콩코르드 광장의 오벨리스크, 거대한 바로크풍 건물, 센강과 이란성 쌍둥이다. 무엇보다 역사가 닮았다. 이곳 궁전 광장은 1905년 '피의 일요일 사건'과 1917년 2월 혁명으로 노동자의 피가 넘쳐났고, 콩코르드 광장은 루이 16세와 부인 마리 앙투아네트, 혁명군 지도자 당통과 로베스피에르의 피로 얼룩졌다. 궁전 광장과 콩코르드 광장은 절대군주제를 무너뜨린 혁명의 광장이다. 당시에는 제정 러시아가 프랑스라면 사족을 못 쓰던 시절이었다. 러시아 귀족들은 프랑스어를 쓰고 아이들에게 프랑스인 가정교사를 붙였으니 광장 하나쯤 프랑스식으로 베끼는 것은 누워서 떡 먹기였을 터. 그런데 차르의 운명까지 프랑스 황제의 비극적 운명을 닮을 줄이야 어떻게 알았겠는가.

세계 3대 박물관 예르미타시

궁전 광장을 지나 예르미타시 박물관으로 성큼성큼 걸어갔다. 웅장하면서도 화려한 바로크풍의 예르미타시 박물관이 네바강을 배경으로 병풍처럼 펼쳐져 있었다. 시원한 하늘을 연상시키는 민트색 건물에 하얀 기둥은 시베리아의 초원과 자작나무를 떠오르게 한다. 러시아의 보물 예르미타시는 그 겉모습만으로도 예술품이다. 예르미타시 박물관은 프랑스 루브르 박물관, 영국 대영 박물관과 함께 세계 3대 박물관으로 꼽힌다. 누구는 세계 3대 박물관으로 예르미타시 대신 이탈리아 로마 교황청의 바티칸 박물관이나 미국 뉴욕의 메트로폴리탄 박물관을 꼽기도 하는데, 뭐 취향 차이 아니겠는가?

예르미타시 박물관은 애초 황제가 겨울에 살던 '겨울 궁전'에

예르미타시 박물관과 오른쪽의 알렉산드르 원기둥

서 시작됐다. 맨 왼쪽 건물이 박물관 본관 역할을 하는 겨울 궁전이고, 그 동쪽으로 소小예르미타시, 옛 예르미타시, 새 예르미타시, 예르미타시 극장 등 다섯 채의 건물로 되어 있다. 다섯 개 건물은 통로를 통해 모두 연결되어 있다. 예르미타시 박물관은 1,056개의 방과 117개의 계단, 176개의 지붕 위 조각상으로 이뤄진 어마어마한 규모다. 겨울 궁전은 표트르 대제가 1711년 짓기 시작했으나 오늘날의 모습을 갖춘 것은 그의 딸 옐리자베타 여제 시절인 1762년이었다. 유난히 화려하고 장엄한 바로크풍 건물을 좋아했던 엘리자베타 여제는 이탈리아 출신 건축가 바르톨로메오 라스트렐리를 초청해 겨울 궁전을 비롯해 스몰니 수도원과 대성당, 시내 외곽의 두 '여름 궁전'인 페테르고프와 차르스코예 셀로를 완공했다. 도시의 기반은 아버지 표트르 대제가 세웠지만, 오늘날 상트페테르부르크의 얼굴을 완성한 것은 딸 엘리자베타인 셈이다.

애초 박물관으로 지은 것이 아니라 황제가 살기 위해 지은 궁전에다 늘어난 세간을 보관하려고 추가로 지은 별궁이 합쳐진 건물이다 보니 예르미타시 내부는 미로처럼 복잡하기 이를 데 없다. 멋모르고 덥석 들어갔다가는 길 잃고 헤매는 박물관의 유령이 될 수도 있으니 들어가기 전 자신만의 아리아드네의 실이 필요하다.

박물관 입구는 두 곳이다. 개별 여행자는 주로 궁전 광장 쪽 정문을 이용하고, 단체 여행자는 네바강 쪽 후문을 이용한다. 정문 매표소에 빨랫줄처럼 길게 늘어선 관람객을 보고 질겁할 것 없다. 미련 없이 매표소 옆에 있는 자동발매기로 발길을 돌리면 된다. 매표소 줄은 당신의 줄이 아니기 때문이다. 러시아 어린이와 학생, 노인 등 무료나 할인 혜택을 받으려는 내국인 관람객은 반드시 매표소에서 입장권을 사야 하는 터라 매표소 대기 줄은 1년 내내 줄어들지 않는다. 외국인 여행자에게는 무료나 할인 혜택이 없으니 번지수 잘못 찾아 괜히 두세 시간 낭비할 필요가 없다. 여행자에게는 돈보다 시간이 금이다. 매표소 대기 줄에서 빠져나와 출입구 쪽으로 들어가면(새치기가 아니다!) 입구 근처의 녹색 자동 발매기가 당신을 반긴다. 카드나 현금을 넣으면 자동판매기에서 음료수 나오듯 뚝딱, 박물관 입장권이 나온다. 입장권을 들고 고개를 돌려 아직도 길게 늘어선 매표소 줄을 보노라면 당신의 선택이 얼마나 탁월했는지 감탄하게 될 것이다.

입장권을 샀다면 출입구 안팎에서 한국어로 된 안내 지도를 꼭 챙기자. 전시관의 주요 작품에 대한 설명이 들어 있다. 안내 지도는 공짜니까 안 챙기면 바보다. 한국어 오디오 가이드도 꽤 쓸 만하다. 작품 해설용 오디오 가이드는 500루블(약 9,000원)에 빌리는데, 그 이상의 가치를 하니 박물관에서 돈 아낄 생각일랑 말자. 한국어 안내 지도와 오디오 가이드는 대한항공이 후원하는데, 오랜만에 국적기다운 좋은 일을 했다. 나는 티켓값이 싼 러시아 아에로플로트 항공기를 타고 온 터라 대한항공에 조금 미안한 마음이 들었지만, 언젠가 돈 많이 벌면 꼭 대한항공을 탈 테니 미래의 고객에 대한 투자라고 생각하고 너무 섭섭해 말기 바란다.

예르미타시에서는 자신이 꼭 봐야 할 작품을 미리 콕 찍은 뒤 그 작품을 전시한 방을 중심으로 구경해야 한다. 예르미타시에는 300만여 점의 작품이 전시되어 있는데, 한 작품 앞에 1분씩만 서 있어도 5년이 넘게 걸린다고 하니 어쩌겠는가.

예르미타시 박물관의 요르단 계단

혁명의 현장 2층 작은 식당

예르미타시 안으로 들어갔다. 1층 중앙 로비에 있는 요르단 계단에 닿았다. 이 계단을 따라 2층으로 올라가 본격적인 관람을 시작할 참이다. 요르단 계단을 오르다 나도 모르게 탄성을 질렀다.

"박물관이 아니라 파티장 출입구 아니야?"

나는 요르단 계단의 화려함과 웅장함에 압도당했다. 1층에서 나선형으로 올라가는 요르단 계단은 그 자체가 놀라운 건축예술이다. 벽은 하얀 바탕에 온통 황금색 문양과 회반죽 스투코로 장식되어 있고, 기둥은 짙은 녹색의 공작석이 하얀 벽과 대비를 이

루며 환상적인 조화를 보여준다. 천장은 신들이 노니는 올림포스 산을 그린 프레스코화로 꾸며져 있고, 바닥에 깔린 붉은색 양탄자는 여행자의 신발에까지 황제의 예를 표하고 있다. 황족이 매년 1월 네바강의 세례 의식에 참석하기 위해 내려가던 곳이라 '요르단 계단'이라 부르는데, 알다시피 예수가 세례를 받은 곳이 '요르단'강이었다. 과거 외교 사절들이 황제를 만나기 위해 오르던 계단이기도 해서 '대사의 계단'이라 부르기도 한다.

무성영화 〈전함 포템킨〉의 감독 세르게이 예이젠시테인은 러시아 혁명 10주년을 기념해 1927년 영화 〈10월〉을 만들었는데, 이 요르단 계단을 영광스러운 '혁명 계단'으로 둔갑시키는 놀라운 기술을 발휘했다. 예이젠시테인은 이 영화에서 용감한 붉은 군대 병사들이 10월 혁명 당시 겨울 궁전을 장악하려고 요르단 계단을 통해 돌격하는 장면을 보여줬다. 물론 역사적 사실은 그렇지 않았다. 10월 혁명 당시 볼셰비키의 붉은 군대가 올라갔던 곳은 턱없이 작고 볼품없는 박물관 안 '왼쪽 계단'이었다. 그러나 대중의 기억에 남는 것은 역사적 사실이 아니라 영화의 한 장면이다. 예이젠시테인은 이미 1925년작 〈전함 포템킨〉에서 몽타주 기법을 사용해 우크라이나의 '오데사 계단'을 차르 군대의 잔혹성을 보여준 '학살의 계단'으로 재탄생시켰다. 그 영화로 계단의 이름도 '오데사 계단'에서 새로운 상징성을 갖는 '포템킨 계단'으로 바뀌었다. 오래전 우크라이나 오데사 여행을 갔을 때 포템킨 계단을 찾은 적이 있는데, 공포에 휩싸인 군중이 계단을 통해 달아나고 어린아이가 탄 유모차가 계단 아래로 구르는 영화 속 장면이 계단에 어른거렸다. 영화가 역사를 이기고 있었다.

영화의 이미지와 상관없이 요르단 계단은 영락없이 파티장으로 가는 길이다. 황금과 공작석, 양탄자로 도배해놓은 박물관 입구를 본 적이 있는가? 황제의 궁전 입구였기에 이런 화려한 계단이 가능했다. 잠시 멈춰 서서 황홀한 눈으로 요르단 계단을 올려다보았다. 멋진 양복을 빼입고 아름다운 여인의 팔을 두르고 파티장으로 가는 환상이 떠올랐다. 2층 파티장에서 하차투리안의 흥겨운 〈가면무도회〉 음악이 계단을 따라 흘러내려 오더니 갑자기 회오리바람처럼 나를 휘감아 무도회장으로 사뿐히 데려갔다. 그런데 내 옆에 있어야 할 여인이 보이지 않았다. 나는 여인을 찾아 요르단 계단 아래를 돌아보았다. 아뿔싸, 여인은 어디로 사라지고 40여 명의 중국 단체관광객이 행군 대열로 올라오고 있었다. 당장 비키지 않으면 인정사정없이 짓밟을 기세로 밀고 올라오는, 어디서 많이 본 인해전술이었다. 걸음아 나 살려라, 허겁지겁 계단을 뛰어 올라갔다.

중국의 만리장성이 박물관 안으로 먼저 들어가도록 길을 비켜주고는 2층 복도에서 잠시 숨을 골랐다. 중국 관광객들이 나를 장

제스로 착각해 체포하려 들지는 않을까 걱정했는데, 그들은 타이완 정벌대가 아니라 압록강 건너 조선반도로 가는 인민지원군이었다. 그들이 든 깃발에는 '항미원조 전쟁'(중국이 '한국 전쟁'을 부르는 이름)이라고 쓰여 있었다. 한국 전쟁이 끝난 지 언젠데, 나에게 트라우마가 있는지 깃발을 앞세운 중국 단체관광객만 보면 왜 중국인민지원군이 생각나는지 모르겠다.

요르단 계단을 오르는 인파 속에는 중국의 오성홍기만 있는 것이 아니었다. 일본의 일장기도 있고, 한국의 태극기도 빠질 수 없다. 이곳 주인 러시아의 삼색기도 펄럭였다. 다른 나라의 깃발도 각양각색으로 나부끼고 있었지만 한·중·일 동아시아 삼국의 깃발이 워낙 높아 존재감이 미미했다. 가이드가 각국의 깃발을 앞세우면 관광객들이 개미 떼처럼 줄줄 따라간다. '혁명의 삼색기'를 든 들라크루아의 〈민중을 이끄는 자유의 여신〉이 떠오르기도 하고, 유치환의 시 〈깃발〉도 들린다.

이곳만이 아니다. 루브르 박물관과 대영 박물관을 비롯한 전 세계 유명 박물관은 '소리 없는 아우성'들의 싸움이다. 그래도 아직은 참을 만하다. 인도가 잠자고 있기 때문이다. 중국 인구에 버금가는 인도가 깊은 명상에서 깨어나 뒤질세라 '수레바퀴 국기'를 들고 세상 밖으로 나오는 장면을 생각하니 아찔하다. 유적지의 공중화장실 앞에서 만국기가 펄럭인다. 그 앞에서 괄약근을 꽉 쥐고 발을 동동 구르는 소리가 천지를 진동한다. 여행을 하다 보면 중국 관광객이 세계 여행 문화를 빠른 속도로 바꾸고 있는 것을 목격한다.

요르단 계단을 오른 오성홍기 부대는 어느새 감쪽같이 사라졌다. 밀물과 썰물이 찰나에 이뤄지는 중국 단체관광객의 인해전술은 섬뜩하기까지 하다. 어쨌든 중국인민지원군이 확실하게 압록강 너머로 철수한 것을 확인한 뒤 느긋하게 박물관 탐방에 나섰다. 예르미타시 본관인 겨울 궁전에서부터 구경이 시작된다. 첫 번째 전시실 입구에 '151'이라는 숫자 문패가 달려 있다. 전시실에는 이처럼 아라비아 숫자로 고유 번호가 매겨져 있어서 번호만 알면 찾고자 하는 전시실을 쉽게 찾을 수 있다. 151번 전시실에는 긴 복도를 따라 옛날 로마노프 가문의 황족 초상화가 걸려 있다. 그 유명한 표트르 대제를 비롯해 그의 딸 옐리자베타 여제, 그녀의 조카인 유약한 표트르 3세, 남편인 그를 죽이고 황제에 오른 무서운 여자 예카테리나 2세, 마지막 황제 니콜라이 2세 등등.

단연 내 눈을 사로잡은 인물은 오른손에 지휘봉을 쥐고 있는 여인, 예카테리나 2세다. 범상치 않은 인상에 몸집도 만만찮다. 예카테리나 2세는 표트르 3세의 부인이자 옐리자베타 여제의 조카며느리다. 예카테리나 2세, 이 여인을 주목하자. 우리가 지금 예르미타시 박물관을 즐길 수 있는 것은 바로 그녀 덕분이다. 유

예카테리나 2세

별난 미술 애호가였던 예카테리나 2세는 1764년 베를린 상인으로부터 225점의 그림을 구입한 것을 시작으로 모두 4,000여 점의 회화 작품을 사들였다. 겨울 궁전 옆에 작은 별관을 지어 구입한 미술품을 보관하는 수장고로 사용하고 귀족 등 소수에게만 개방했다. 그 별관의 이름이 은둔처라는 뜻의 프랑스어 '에르미타주ermitage'였다. 이를 러시아식으로 발음한 것이 '예르미타시'인데, 꼬리가 몸통을 흔들듯 현재의 소예르미타시인 이 별관의 이름이 전체 박물관의 이름이 되었다.

예카테리나 2세의 미술품 수집 취미에서 시작된 예르미타시 박물관은 현재 회화와 조각, 발굴품 등 300만여 점의 작품을 전시하는 세계적 규모로 발전했다. 렘브란트를 비롯해 레오나르도 다빈치, 미켈란젤로, 라파엘로, 루벤스, 피카소, 고갱, 고흐, 세잔, 르누아르, 드가, 모네, 마티스, 칸딘스키, 티치아노, 카라바조, 반다이크 등 세계적 작가의 작품을 망라한다. 예르미타시 박물관은 3층으로 되어 있는데, 옛 황제의 거실과 집무실, 그리고 렘브란트 등 주요 작가의 작품이 전시되어 있는 2층이 핵심이다.

황족의 초상화 복도를 지나면 바로 연결되는 전시실이 188번의 말라야 스탈로바야(작은 식당)다. 예르미타시 박물관에서 작품 이외에 반드시 들러야 할 장소를 꼽으라면 단연 이곳이다. 내가 '작은 식당'에 들어간 이유는 간식을 먹기 위해서가 아니다. 젊은 시절 읽었던《소련 혁명사》에 나오는 역사적 장소를 찾아가는 역사 순례다. 작은 식당으로 들어가자 하얀 대리석 식탁을 둘러싸고 의자 네 개가 놓여 있고, 뒤쪽 벽의 페치카 석재 선반에 2시 10분에 멈춘 탁상시계가 놓여 있었다. 눈길이 그 시계에 꽂혔다. 검은 코뿔소 모양의 고장 난 청동 시계가 뭐길래. 나훈아의 〈고장 난 벽시계〉를 좋아하시는 시골 어머니가 이곳에 오셨더라면, 아마도 "고장 난 벽시계는 멈추었는데, 저 세월은 고장도 없네"라며 노래를 흥얼거리셨을 텐데. 그 장면을 떠올리자 나도 모르게 실없는 웃음이 나왔다.

탁상시계 옆에 설명문에는 이런 구절이 있다. "1917년 10월 25일에서 26일 밤." 그렇다. 러시아 10월 혁명이다. 1917년 10월 26일 새벽 2시 10분, 레닌의 볼셰비키는 당시 2월 혁명으로 권력을 장악하고 있던 멘셰비키 임시정부 지도부를 이곳에서 체포했다. 마르크스주의에 기반을 둔 세계 최초의 사회주의 국가가

10월 혁명의 성공을 가리키는 작은 식당의 탁상시계

탄생하는 순간이었다. 겨울 궁전에서 이 작은 식당은 공간적으로는 가장 작지만, 역사적으로는 가장 의미 있는 장소다. 설명문이 없다면 이 작은 식당이 역사적 현장이라는 사실을 누가 알겠는가? 워낙 작고 구석진 곳에 있는 데다 화려한 주변 전시실에 묻혀 여행자들이 그냥 지나치기 십상이다. 한때는 새로운 세상의 시작을 알리는 창세기적 시각이었던 '2시 10분'이 이제 철 지난 묵시록의 과거가 되어버렸으니, 에드워드 카의 《역사란 무엇인가》가 떠오른다.

새벽 2시 10분에 고정된 채 영면에 든 시계를 뒤로하고 작은 식당을 나왔다. 세상을 뒤흔들었던 그 시각도 세월 앞에서는 어쩔 수 없는 무기력한 존재였나 보다. 식당을 나오면 니콜라이 2세의 도서관으로 연결되고, 황금 응접실, 흡연실, 황제 집무실, 황후 규방 등 황실의 실생활을 볼 수 있는 내실로 이어진다. 황금 장식품과 녹색 빛을 발하는 말라카이트(공작석)가 차르의 지나간 영화를 아쉬워하듯 침묵 속에서 묵묵히 자리를 지키고 있었다. 황제는 어디로 가고, 유물만 쓸쓸히 남았다.

다음 전시실에 들어서니 본격적으로 미술관의 자태를 보여준다. 영국 미술 전시실은 초상화를 많이 전시하고 있다. 가장 눈에 띄는 것은 18세기 토머스 게인즈버러의 〈푸른 옷을 입은 여인〉이다. 18세기 프랑스 미술 전시실에는 프랑스 조각가 장 앙투안 우동의 볼테르 조각상이 전시되어 있는데, 마치 살아 있는 듯 생동감을 준다. "나는 당신의 말에 찬성하지 않지만, 당신이 그렇게 말할 권리를 위해서라면 같이 싸우겠다." 톨레랑스(관용) 정신을 실천하기 위한 계몽사상가 볼테르의 노력이 주름진 얼굴에 깊이 배어 있었다. 영국이 귀부인의 외면적 아름다움을 자랑하자 프랑스가 철학가의 내면적 사색을 뽐내고 있는 듯했다. 프랑스 미술 전시실에는 아기 큐피드상도 있는데, 유명한 표트르 대제 청동기마상을 만든 프랑스 조각가 팔코네의 작품 〈침묵을 명하는 큐피드(위협하는 큐피드)〉이다. 입술에 손가락을 갖다 댄 큐피드의 모습이 조용히 지나가라는 지시 같기도 하고, 사랑은 남몰래 하라는 암시 같기도 하다. 사랑의 전령답게 그 미소 짓는 모습이 귀엽기도 하고 영악하기도 하다. 오래전 프랑스 루브르 박물관을 방문했을 때 같은 이름의 조각상을 봤다.

17세기 프랑스 공예품 전시실로 넘어갔다. 의자에 앉아 있던 할머니 감시원이 갑자기 벌떡 일어났다. "노, 노" 하면서 화난 표정을 짓는다. 관람객 중 누군가 벽에 걸린 태피스트리 작품에 손을 댄 것이다. 예르미타시의 모든 전시실에는 이처럼 감시원이 한 명씩 배치되어 있는데, 대부분 칠순이 넘은 할머니들이다. 고령화 사회에서 이렇게 노인들을 활용하는 방식은 본받을 만하다.

권력과 사랑을 요리한 예카테리나 2세

반시계 방향으로 돌다 보니 처음 출발했던 요르단 계단 쪽의 195번 전시실에 닿았다. 국가문장을 전시한 '문장의 방'이다. 러시아 문장은 신성로마제국으로부터 내려오는 머리가 둘 달린 쌍두 독수리인데, 이 문장보다 건물 내부의 치장이 더 화려하고 아름답다. 황금빛 코린트식 기둥은 머리에 아칸서스 잎 문양을 얹었고, 천장은 섬세한 스투코 장식으로 아라베스크 문양으로 치장했으며, 천장과 기둥 사이는 아칸서스 잎 문양으로 된 긴 띠 모양의 프리즈 장식을 했다. 예르미타시 박물관은 바로크식 건물에 코린트, 로코코, 로지아 등 다양한 방식이 혼합된 건축 양식의 백화점이다. 여기에 다양한 프리즈, 스투코, 프레스코, 템페라 장식이 추가되어 박물관 자체가 하나의 거대한 예술품이고 전시실 하나하나가 독특한 양식을 띤 걸작이다.

내가 찾던 전시실이 눈앞에 나타났다. 193번의 러시아 전쟁 영웅 '육군원수 전시실'이다. 전시실 이름 그대로 별이 다섯 개인, 대장보다 더 높은 최고 군사령관을 기리는 장소다. 18세기 초부터 19세기 초까지 제정 러시아의 원수 7인의 초상화가 벽에 걸려 있는데, 그 자랑스러운 명단을 내가 여행 노트에 적어왔다. 이반 파스케비치, 알렉산드르 수보로프, 미하일 쿠투조프, 표트르 비트겐시테인, 그리고리 포템킨, 표트르 루미얀체프, 이반 디비치 자발칸스키. 우리나라 옛날 장군 이름도 기억 못 하는데 뭐하러 옛 제정 러시아 장군의 이름을 줄줄이 외우냐고 묻는다면, 일곱 명의 육군원수 중에 예카테리나 2세의 연인이 있기 때문이라고 답하겠다.

러시아 황제 중 가장 극적이고 불가사의한 인물이 예카테리나 2세다. 그 어떤 남자 황제도 누리지 못한 세상의 모든 권력과 사랑, 예술을 맘껏 누린 행운의 여성이다. 그녀는 강력한 통치로 러시아 영토를 확장하고 무려 34년 동안 황제로 군림하다 67세에 죽었다. '피의 제국' 러시아 역사에서 이처럼 오랫동안 권좌를 유지하고 천수를 누린 차르는 거의 없다. 표트르 대제 이후 '대제'의 호칭을 받은 인물도 그녀뿐이다. 권력뿐 아니라 사랑도 만만찮았다. 무려 스물세 명의 연인을 두었으니 당나라 무측천과 청나라 서태후 저리 가라다. 더구나 그녀는 러시아 사람도 아니고 러시아로 시집온 독일 며느리였다.

예카테리나 2세는 서른세 살의 나이에 쿠데타를 일으켜 남편 표트르 3세를 죽이고 차르의 자리에 올랐다. 황제 친위대의 젊은 장교 그리고리 오를로프가 쿠데타에 앞장섰는데, 오를로프는 그녀의 연인이었다. 당시 스물셋 젊은 나이에 쿠데타에 합류한 인물이 일곱 명의 원수 중에 있는데, 그도 나중에 예카테리나 2세의 연인이 된다. 일곱 명의 원수 중에서 그녀의 애인을 찾는 가장 쉬운 방법이 있다. 전시실을 지키고 있는 할머니 안내인에게 새끼손가락을 치켜세우며 "예카테리나, 예카테리나"라고 하면 백발백중 한 사나이를 가리킬 것이다. 그러나 이 방법은 아무래도 대~한민국의 품위를 훼손할 수도 있으니 시도하지 않는 편이 좋다.

그녀의 연인은 그리고리 포템킨이다. 영화 〈전함 포템킨〉의 그 포템킨 장군이다. 전시실의 설명이 모두 러시아 키릴 문자여서 여행자는 그 이름을 알아도 찾을 수가 없다. 이럴 때 필요한 게 몽

예카테리나 2세의 연인 포템킨

타주다. '은발에 통통한 얼굴이고, 검은 군화를 신고, 은색 철갑옷을 입고, 왼손에 칼을 잡고, 오른손에 지휘봉을 들고, 어깨에 파란색 띠를 두르고, 얼굴은 약간 옆으로 돌려 전쟁터를 바라보고 있는 모습.' 이래도 못 찾는다면 할머니 안내인에게 "포템킨, 포템킨"이라고 말해보라. 친절하게 알려줄 것이다. 러시아의 '이수일과 심순애'가 바로 '예카테리나 2세와 포템킨'이다. 또 2014년 러시아가 우크라이나로부터 크림반도를 다시 강제 합병해 국제적 논란이 됐는데, 옛 크림반도의 러시아 총독이 포템킨이었다.

예카테리나 2세는 권력 앞에 무자비했고 사랑 앞에 당당했다. 그녀가 권력 앞에 얼마나 무자비했는가는 쿠데타로 남편을 죽이고 집권한 것뿐 아니라 1775년 '푸가초프의 반란'을 잔혹하게 진압한 데서도 알 수 있다. 스텐카 라진에 이어 카자크 농민지도자 푸가초프가 농노제에 반발해 반란을 일으키자 수보로프 원수를 앞세워 카자크 마을을 잿더미로 만들고 농민을 무차별 학살했다. 그녀의 권력은 귀족의 특권과 농민의 희생을 바탕으로 했다. '귀족의 황금시대'는 '농노의 암흑시대'의 다른 이름이다. 예카테리나 2세는 푸가초프의 반란을 진압한 뒤 행정 개편으로 전제 기반을 더욱 튼튼히 했는데, 이는 그녀의 유능한 애인 포템킨의 작품이었다.

예카테리나 2세는 냉혹한 군주답게 사랑 앞에도 거칠 것이 없었다. 그녀는 첫 애인 세르게이 살티코프를 시작으로 오를로프, 포니아토프스키, 포템킨, 주보프 등 스물세 명의 연인을 두었는데, 예순을 넘긴 그녀의 마지막 연인 주보프는 20대 초반이었다. 예카테리나 2세의 많은 연인을 두고 당시 왜 쑥덕거림이 없었겠는가? 그녀는 이렇게 말했다. "남자 차르는 마음대로 후궁을 두는데, 왜 차르인 나는 못 한단 말인가? 나도 남자 후궁을 두는 것이다. 시이모인 옐리자베타 여제는 몰래 사랑했지만, 나는 정식으로 남자 후궁을 둔 것이니 상관 말라." 튀르크 속담에 "개가 짖어도 카라반은 간다"라는 말이 있는데, 그녀에게 남녀차별은 개 짖는 소리에 불과했다. 독일 출신에 여자라는 불리한 조건에도 오랫동안 권력을 유지할 수 있었던 것은 이런 두둑한 배짱과 뛰어난 정치력, 적재적소의 용인술 덕분이었다. 예카테리나 2세는 양날의 칼인 권력과 사랑을 자유자재로 섞기도 하고 따로 분리하기도 하면서 샐러드처럼 맛있게 요리해낸 권력과 사랑의 마술사였다.

그러나 천하의 그녀도 죽음 이후는 어쩌지 못했다. 줄리언 반스의 소설 《예감은 틀리지 않는다》처럼 문제는 그 아들이었다. 어머니에 이를 갈았던 아들 파벨 1세는 차르의 자리를 이어받자 알렉산드르 넵스키 사원에 매장되어 있던 아버지 표트르 3세의 시신을 수습해 어머니 예카테리나 2세와 함께 페트로파블롭스크 대성당에 합장해버렸다. 파벨 1세는 합장할 때 어머니의 연인이었던 오를로프에게 표트르 3세의 관 앞에서 왕관을 들고 걸어가라고 명령했다. 아버지를 죽인 '불륜 쿠데타'의 두 주역 어머니와 오를로프에 대한 아들다운 보복이었다. 자신이 죽인 남편 곁에 누워 있는 예카테리나 2세의 심정은 어떨까? 그러나 파벨 1세도 재위 5년 만에 아들 알렉산드르 1세의 묵인 아래 어머니 예카테리나 2세 시절 특권을 누리던 귀족들의 쿠데타로 살해됐다. 죽은 제갈량이 산 사마의를 쫓듯 죽은 예카테리나 2세가 일으킨 쿠데타가 아니었을까? 예카테리나 2세에게 파벨 1세는 사랑하지 않은 남편과의 사이에서 태어난 애물단지였고, 파벨 1세에게 예카테리나 2세는 아버지를 죽인 살인자였다. 이들 모자의 악연이 결국 윤회하는 카르마의 저주를 불러온 듯했다.

황금 공작 시계의 사연

겨울 궁전을 떠나 소에르미타시 건물로 넘어갔다. 왼쪽 창문으로 네바강이 보였다. 회랑의 한가운데, 둥근 돔 모양의 천장인 파빌리온 홀이 있다. 이곳이 에르미타시의 기원이다. 예카테리나 2세는 이곳을 자신만의 시간을 보내는 은둔처로 삼았다. 절대 권력을 휘두르던 그녀에게도 자신만의 고독과 사랑을 위한 '에르미타주'(은둔처)가 필요했던 것이다.

사람들이 홀 안의 유리장 주위에 모여 무언가를 열심히 들여다보고 있었다. 황금 공작 시계다. 황금색 나무에 공작새와 수탉 조형물이 올라가 있고, 나뭇가지에 매달린 새장에는 황금색 올빼미 조형물이 들어 있다. 옛날에는 정시가 되면 올빼미와 공작새, 수탉이 순서대로 움직이며 날갯짓을 하고 '꼬끼오' 울면서 시간을 알려주었다고 한다. 지금 보면 장난감 같지만 18세기 후반에는 뻐꾸기시계처럼 볼만한 메커니즘 예술품이었다. 지금도 외국 정상이 에르미타시를 방문하면 반드시 보여주는 대표작 중 하나이고, 관람객에게 가장 사랑받는 예술품이다.

1896년 니콜라이 2세의 대관식에 참석하기 위해 이곳 피득보彼得堡(상트페테르부르크)를 방문했던 민영환도 이 황금 공작 시계가 매우 인상적이었나 보다. "한 방에는 가운데에 한 그루의 금나무를 심고 금으로 만든 공작 한 마리와 금닭 두 마리를 세워놓았다.

황금 공작 시계

곰곰이 따져보니 시간마다 날고 울어서 종을 대신하여 나타내니 참으로 기이한 물건이다." 민영환이 기행문 《해천추범》에서 묘사한 공작 시계는 지금도 그대로다.

이 공작 시계에도 예카테리나 2세와 포템킨의 사랑이 담겨 있다. 포템킨이 예술품 수집광인 예카테리나 2세를 위해 영국에 주문해 만든 사랑의 선물이니까. 사연을 알고 보니 공작새의 날갯짓은 구애의 표시이며, 수탉의 울부짖음은 사랑하는 여인을 향한 세레나데로 들린다. 황금 공작 시계가 예카테리나 2세에게 보낸 포템킨의 사랑의 징표라면, 모스크바 크렘린의 다이아몬드펀드 전시관에 있는 190캐럿 '오를로프 다이아몬드'는 그녀의 또 다른 애인 오를로프의 사랑의 징표다.

렘브란트의 〈돌아온 탕자〉

파빌리온 홀에서 옛 에르미타시 건물로 건너갔다. 옛 에르미타시와 새 에르미타시 건물을 합쳐 '대大 에르미타시'라고 하는데, 이곳에는 세계적으로 유명한 미술품이 전시되어 있다. 지금까지가 박물관 관람의 애피타이저였다면, 이제부터 맛있는 주요리가 여행자를 유혹한다. 오른쪽 254번의 렘브란트 전시실은 에르미타시 박물관 최고의 전시실이다. 예상대로 렘브란트 전시실에는 사람들이 벌떼같이 몰려 있었다. 다들 카메라나 스마트폰으로 벽에 걸린 그림을 찍기 바빴다.

모든 여행자의 시선을 빨아들이는 피사체는 〈돌아온 탕자〉였다. 나도 멈춰 서서 오랫동안 그림을 바라보았다. 제목이 없어도 그림만으로 무엇을 말하는지 알 수 있었다. 직관적으로 가슴에 와 닿는 그림이다. 나의 이야기며 우리의 이야기다. 우리도 언젠가 저 그림 속 탕자처럼 고향으로 돌아갈지 누가 알겠는가? 인간은 누구나 돌아온 탕자이며, 아들을 용서해야 하는 너그러운 아버지의 숙명을 타고났다. 렘브란트의 그림 한 폭에 인생이 담겨 있다. 빛의 거장답게 늙은 아버지와 돌아온 아들에게 빛을 비춰 강조하고, 주변은 어둠으로 대비시켰다. 렘브란트 말년의 작품이어서 그런지 오랫동안 타향을 떠돌다 누추한 모습으로 돌아온 아들을 위로하는 아버지의 부성애가 그림 위로 철철 흘러넘친다. 아들의 어깨를 감싼 아버지의 두 손을 보라. 왼손은 투박하게 힘줄이 솟구친 남자의 손이고, 오른손은 가늘고 부드러운 여인의 손이다. 하느님의 마음에는 모성과 부성이 함께한다는 종교적 의미도 있지만, 모든 부모의 마음에는 아버지의 사랑과 어머니의 자애, 아버지의 용서와 어머니의 치유가 함께한다는 뜻이리라. 아버지 앞에 무릎을 꿇고 있는 아들의 다 해진 신발은 그동안 집을 나가 떠돌며 얼마나 힘들게 살아왔는지를 말해준다. 성경의 이야기를 소재로 삼았으나 젊은 시절 화가로 크게 성공했다가 비참한 말년을 보낸, 인생 자체가 빛과 어둠

렘브란트의 〈돌아온 탕자〉

의 극과 극으로 이어졌던 렘브란트 자신의 이야기다. 곰브리치는 《서양미술사》에서 "렘브란트는 카라바조와 마찬가지로 조화와 아름다움보다는 진실과 성실성을 더 중요시했다"라고 설명한다.

뒤쪽 벽으로는 렘브란트의 또 다른 그림 〈이삭의 희생〉과 〈플로라〉가 걸려 있었다. 〈플로라〉는 아름답고 관능적인 모습이 아니라 소박하고 너무도 평범한 얼굴이다. 그러면 그렇지, 그림 속 여인은 렘브란트의 첫 번째 부인이었다. 1985년 한 정신이상자가 칼로 두 조각을 냈던 렘브란트의 〈다나에〉도 9년의 작업 끝에 복원되어 제자리로 돌아와 있었다. 렘브란트의 〈다나에〉는 221번 전시실에 있는 티치아노의 〈다나에〉와 뚜렷한 차이를 보인다. 렘브란트의 〈다나에〉는 황금 빗물로 변한 제우스가 자신의 침실로 들어오자 다소곳이 일어나 맞이하는 정숙한 여인의 모습이다. 반면 티치아노의 〈다나에〉는 제우스의 사랑을 노골적으로 갈망하는 에로틱한 모습이다. 그녀는 다리를 벌리고 누워 있고, 하녀는 하늘에서 떨어지는 황금 빗물이 다른 곳으로 떨어지지 않도록 앞치마를 들고 서 있다. 다나에는 땅에 떨어진 황금 빗물 한 방울까지도 왼손으로 긁어서 몸 안으로 넣으려 한다. 황금 빗물이 무엇인가? 그것이 떨어지는 위치를 보라. 황금 빗물이란 '남자의 올챙이' 아닌가? 19금이 따로 없다. 16세기 중반에 이렇게 노골적이고 야한 그림을 그릴 수 있었다니. 옛날 유럽인들은 부족한 사랑을 신화를 빗댄 그림으로나마 보충했나 보다. 인간의 원초적 본능과 비극적 신화가 맞물린 다나에는 수많은 화가가 소재로 삼았는데, 에로티시즘의 거장 클림트가 그냥 지나쳤을 리 없다. 클림트의 〈다나에〉는 화룡점정이다.

티치아노 방 옆에 있는 214번 전시실, 레오나르도 다빈치의 방도 사람들로 북적거리기는 마찬가지. 그림은 단 두 점이지만, 다빈치의 명성으로 인산인해다. 성모 마리아가 손에 쥔 꽃을 아기 예수가 잡으려는 모습을 그린 〈베누아의 성모〉 그리고 자애로운 표정의 마리아가 아기 예수에게 젖을 먹이는 〈리타의 성모〉. 오래전 루브르 박물관에서 봤던 〈모나리자〉의 인상이 너무 강렬해서 그런지 다빈치의 그림치고는 감흥이 덜했다. 역시나 다빈치의 초기작이라는 설명이 붙어 있다. 그래서 오히려 희소성이 있다고 하니 비전문가인 나로서는 고개를 갸우뚱할 수밖에. 이쯤에서 대한민국 최고의 미술평론가들을 소개하고, 나는 뒤로 빠져야겠다. 이진숙은 《러시아 미술사》에서 〈베누아의 성모〉에 대해 "첫아이를 갓 얻은 행복한 젊은 어머니를 묘사하고 있다"라고 설명한다. 이주헌은 《눈과 피의 나라 러시아 미술》에서 〈리타의 성모〉에 대해 "성모의 시선은 아기 예수에 있는 반면, 아기 예수의 시선은 그림 바깥쪽이다. 성모의 관심사가 아기 예수라면, 아기 예수의 관심사는 구원의 대상인 바깥쪽이기 때문이다"라고 의미를 부여

한다.

다빈치 전시실을 떠나 오른쪽으로 꺾자 에르미타시 극장으로 들어가는 로비가 나왔다. 이왕 온 김에 공짜로 극장 내부나 구경할까? 하지만 역시 공짜는 없었다. 로비 입구에서 건장한 체격의 두 남자가 두 손으로 막아섰다. "여긴 안 됩니다. 나중에 공연할 때 별도의 표를 사서 들어오셔야 합니다."

이탈리아 마욜리카 전시실에서 도자기를 구경하며 잠시 머리를 식혔다. 그 뒤 230번 이탈리아 캐비닛 전시실에서 미켈란젤로의 미완성 조각상 〈웅크린 소년〉을 보았다. 언뜻 보면 로댕의 미완성 작품을 보는 듯한 느낌인데, 두 손으로 오른발을 잡고 웅크린 모습이 슬픔에 젖은 인물을 실감 나게 표현했다. 미켈란젤로가 메디치 가문의 예배당 무덤 기둥 위를 장식할 조각상으로 만들었다니 그런 비극성이 드러날 수밖에. 작품의 표정에 다 그런 사연이 있었구나.

새 에르미타시 동쪽 끝으로는 멋진 아치형 천장에 그로테스크한 모양의 기둥으로 이뤄진 아름다운 복도가 이어졌다. 이탈리아 바티칸의 외랑을 복제한 라파엘로 외랑이다. 회랑 중에서 집채 바깥쪽에 벽이 없고 기둥으로만 받친 복도를 외랑(로지아)이라 한다. 라파엘로 외랑을 지나 17세기 플랑드르의 초상화가 반다이크 전시실을 거쳐 루벤스 전시실로 갔다. 플랑드르 미술을 대표

루벤스의 〈십자가에서 내려짐〉과 〈바쿠스〉(오른쪽에서 두 번째와 첫 번째)

하는 화가인 루벤스와 반다이크는 스승과 제자 사이로, 전시실도 247번과 246번으로 사이좋게 붙어 있다. 원래 루벤스의 그림은 화려한 색채와 관능미 넘치는 인물이 눈을 즐겁게 하는데, 이 전시실에도 재미있는 그림이 많았다.

역시 사람들의 시선은 루벤스의 제단화 〈십자가에서 내려짐(십자가에서 내려오는 예수)〉(1617~1618)에 쏠려 있었다. 십자가에서 숨진 그리스도를 사람들이 내리는 그림이다. 벨기에 안트베르펜 성모 대성당에는 이보다 먼저 그려진(1612~1614) 동명의 그림이 걸려 있다. 동화《플랜더스의 개》에 나오는 바로 그 그림이다. 화가를 꿈꾸던 소년 넬로는 평소 보고 싶었던 안트베르펜 성모 대성당의 이 그림 앞에서 파트라슈와 함께 죽어간다. 어릴 적 읽은《플랜더스의 개》의 마지막 장면은 너무나 슬프고 강렬했다. 내가 어린 나이에 이곳에 왔다면, 넬로 생각이 나서 이 그림 앞에서 눈물을 뚝뚝 떨구었을지도 모른다.

입구에 있는〈로마의 자비〉는 놀라운 반전이 숨겨진 그림이다. 젊은 여자가 드러낸 젖가슴을 나이 든 남자에게 빨게 하는 외설적인 그림인데, 스토리를 알면 지리산 청학동 훈장이 서당에 걸어 놓을 효도화다. 감옥에 갇힌 아버지 시몬이 굶어 죽는 벌을 받자 면회 간 딸 페로가 자신의 젖을 먹여 아버지를 살리는 장면이다. 이 얘기를 전해 듣고 감동한 로마 황제가 시몬을 살려주었으니 결론은 해피엔딩. 딸 페로는 우리네 효녀 심청이다.

루벤스 전시실에는 엄숙한 제단화만 있는 것이 아니다.〈대지와 물의 결합〉은 특유의 관능미가 물씬 풍겨 나오고, 술의 신을 뚱뚱하게 그린〈바쿠스〉는 과장과 해학에 웃음이 절로 나온다. 루벤스의 뚱뚱한 바쿠스는 콜롬비아 메데인의 보테로 미술관에서 봤던〈뚱뚱한 모나리자〉를 떠오르게 한다. 루벤스와 보테로는 비만의 미학으로 이어진다. 루벤스의 홍청망청 마시고 노는 고주망태 그림을 보니 여행이고 뭐고 다 때려치우고 보드카 술독으로 풍덩 뛰어들고 싶어졌다. 옛날 어르신들이 부르던 "노세 노세 젊어서 노세, 늙어지면 못 노나니"가 루벤스의 그림에 다 들어 있었다.

이제 박물관 2층 구경도 다 끝나간다. 카라바조의 〈류트 연주자〉를 보러 237번 전시실로 향했다. 여성인지 남성인지 알 수 없는 묘한 분위기의 젊은이가 류트를 연주하는 그림은 평소 나의 호기심을 불러일으켰다. 저 연주자는 여자일까, 남자일까? 직접 그림을 보면 알 수 있을 것 같았다. 그런데 어쩐 일인지 전시실을 샅샅이 훑어봐도 그림이 보이지 않았다. 그림이 잠시 화장실에 갔을 리는 없을 테고, 귀신이 곡할 노릇이었다. 나는 류트 연주자에게 그림의 악보에 있는 실제 노래 〈내가 당신을 사랑한다는 것을 알고 있나요〉를 한번 연주해달라고 부탁하려던 참이었다. 나중에 귀국해 예르미타시 박물관 홈페이지에 들어가 보니 홈페이지의 3차원 가상현실 영상에서도 보이지 않았다. 〈류트 연주자〉가 있던 자리에는 다른 그림이 있었다. 전시를 위해 외국으로 나갔거나 보관상 문제로 잠시 다른 곳으로 옮겼을지도 모른다. 어쨌든 누군가 예르미타시를 방문해 〈류트 연주자〉를 보게 된다면 블로그를 통해서라도 소식을 전해주기 바란다.

나머지 유명 화가들의 작품을 구경하기 위해 박물관 3층으로 올라갔다. 에, 이게 뭐야? 그림은 코빼지도 보이지 않고, 중국과 일본 등 아시아 전시실로 바뀌어 있었다. 그 유명한 마티스의 〈춤〉과 피카소의 〈압생트를 마시는 여인〉, 고흐의 〈아를의 여인들〉, 고갱의 〈과일을 든 여인〉, 모네의 〈정원의 여인〉, 세잔의 〈화가의 어머니와 누이동생〉, 르누아르의 〈채찍을 든 소녀〉, 고야의 〈여배우 안토니아 사라테의 초상〉, 드가의 〈발레〉, 칸딘스키의 〈구성 6〉은 모두 어디로 간 것일까? 몇 년 전까지만 해도 여기 예르미타시 박물관 3층에 있었는데. 알고 보니 지난 2013년부터 이들 근현대 작품은 겨울 궁전 맞은편 참모본부로 옮겨 전시하고 있다고 한다. 이래서 여행에서는 사전 정보 파악이 중요하다니까! 이제 참모본부는 예르미타시 박물관의 별관으로 근현대 미술 전용 전시관인 셈이다. 예르미타시 박물관과 참모본부를 모두 구경하려면 꼼짝없이 하루를 몽땅 투자해야 한다.

1층으로 내려갔다. 예르미타시 구경을 마무리해야 할 때다. 1층 고대 유물 전시실은 관람의 디저트로 제격이었다. 알타이 콜리반 지역의 벽옥으로 만든 10톤짜리 대형 꽃병이 인상적이었다. 그 옆의 그리스 제우스에 해당하는 로마의 주피터 방에 들어갔다. 대형 주피터 조각상을 배경으로 많은 사람이 기념사진을 찍고 있었다. 나는 한 여인을 보고 깜짝 놀랐다. 이럴 수가! 내가 좋아하는 그림의 여인이 액자 속에서 걸어 나와 사진을 찍고 있었다. 큰 눈에 갸름한 얼굴을 한 그녀는 푸른색 터번을 두르고 입은 살짝 벌린 채 귀에는 진주 귀걸이를 하고 있었다. 영락없는 〈진주 귀걸이를 한 소녀〉다. 넋이 빠져 그녀를 쳐다보고 있는데, 사람들이 사정없이 나를 밀어내고 있었다. 파도처럼 밀려오는 인파에 쓸려 나는 점점 그녀와 멀어져갔다. 시작도 끝도 사람들에게 떠밀려 다니는 '인파의 전쟁'에서 나는 속수무책이었다.

어느새 고대 이집트 전시실 앞에 와 있었다. 수천 년도 더 된 악마 같은 검은 미라가 나를 올려다보고 있었다. 검은 미라 옆에는 또 다른 텅 빈 석관이 사탄의 침묵 속에 누워 있는데, 한눈팔고 있는 사람을 낚아채 잡아가려는 듯했다. 박물관에 와서 보라는 그림은 구경 안 하고 딴짓이나 하는 나 같은 놈을 노리고 있는 것이 분명했다. 석관 열리는 소리가 들렸다. 나는 화장실이 급한 표정을 짓고 치타보다 빠른 잰걸음으로 예르미타시를 빠져나왔다.

베르사유보다 멋진 여름 궁전

점심을 먹고 두 번째로 찾아간 곳은 여름 궁전이다. 차르가 겨울에 사는 겨울 궁전이 있으니 여름을 보내는 여름 궁전이 있는 것은 당연지사. 그런데 상트페테르부르크에는 여름 궁전이 두 곳이니 어디로 가야 할까? 도시 서쪽의 핀란드만에 자리 잡은 여름 궁전은 표트르 대제를 위한 '페테르고프'(표트르의 궁전), 남쪽의 여름 궁전은 그의 왕비 예카테리나 1세를 위한 '예카테리나 궁전'이다. 분수 궁전이라 부르는 표트르의 여름 궁전은 아름다운 분수로 유명하고, '차르스코예 셀로'(황제의 마을)라 부르는 푸시킨시에 있는 예카테리나의 여름 궁전은 누런 보석인 호박으로 장식한 '호박방'으로 널리 알려져 있다.

내가 찾아간 곳은 표트르의 여름 궁전이다. 시간이 충분하다면 모두 구경하는 것이 좋겠지만, 여행이란 언제나 시간에 쫓기기 마련. 여행자는 늘 선택을 해야 하는 호모 델렉투스Homo Delectus다. 한 군데만 간다면, 대부분 여행자가 핀란드만 연안에 있는 표트르의 여름 궁전, 페테르고프로 간다. 시내에서 차로 30여 분 달리자 여름 궁전이 나왔다. 예르미타시 박물관 뒤쪽 네바강 선착장에서 여름 궁전으로 가는 페리도 있다. 겨울 궁전과 마찬가지로 페테르고프도 표트르 대제가 짓기 시작했으나 그의 딸 옐리자베타가 이탈리아 건축가 라스트렐리를 불러 완성했다. 옐리자베타는 1755년 러시아 바로크 양식의 페테르고프를 완성하고, 이듬해에는 어머니 예카테리나 1세가 시작한 로코코 양식의 예카테리나 궁전을 완공했다.

표트르의 여름 궁전 매표소는 관광객으로 북적였다. 여름 궁전은 매표소가 있는 대궁전을 기준으로 지대가 높은 윗공원과 핀란드만이 보이는 아랫공원으로 나뉜다. 아랫공원의 오른쪽 공원이

볼만하다. 여름 궁전으로 들어가자 윗공원에 노랗고 하얀 벽의 3층짜리 러시아식 바로크 건물이 나왔다. 대궁전이다. 잠시 대궁전 앞에 섰다. 갓 쓴 조선 양반이 대궁전에서 뒤쪽 소궁전으로 급히 걸어가는 모습이 어른거렸다. 놀랍게도 소궁전 접견실에서 조선 양반을 기다리고 있는 인물은 황제 니콜라이 2세다.

"여러 번 공사를 보았는데, 군주를 사랑하고 나라를 사랑하는 정성이 형색에 나타나니 참으로 나라의 충성스럽고 선량한 사람이라."
"저같이 못나고 용렬한 자로서는 진실로 감히 받아들일 수 없습니다."

민영환이 《해천추범》에 기록한 1896년 당시 니콜라이 2세 알현 장면이다. 황제의 말은 외교적이고, 민영환의 응답은 겸손하다. 민영환의 방문 시기가 7월 14일 오후였으니 러시아 황제는 이곳 여름 궁전에 있었다. 소궁전에서 황제를 알현한 민영환은 대궁전의 연회장에서 술과 과일이 넘치는 후한 대접을 받았다. 1900년 초대 러시아 공사로 부임한 이범진이 7월 12일 니콜라이 2세에게 신임장을 전달한 곳도 이곳 여름 궁전이다.

내 귀는 벌써 아랫공원의 분수에서 뿜어 나오는 시원한 물소리로 향했다. 대궁전 앞에는 중앙 대분수가 있다. 대분수의 포문이

페테르고프 여름 궁전의 대분수

열리면서 하늘로 미사일이 날아가듯 물줄기가 여러 갈래로 솟구치기 시작했다. 여기저기서 감탄사가 터져 나왔다. 여름 궁전의 최고 구경거리다. 가장 높이 하늘로 물을 뿜어내는 분수는 삼손 분수다. 구약성경에 나오는 삼손이 사자의 입을 찢는 형상을 황금 조각상으로 만든 분수인데, 표트르 대제가 1709년 스웨덴을 물리친 폴타바 전투를 기념해 만들었다. 두말할 필요 없이 조각상의 삼손은 러시아이고, 입이 찢기는 사자는 스웨덴이다. 그 찢긴 스웨덴 사자의 입에서 피가 터지듯 물이 하늘로 솟아오르고, 러시아 삼손은 그 모습을 내려다보며 승리자의 흡족한 표정을 짓고 있다. 삼손 분수를 둘러싼 제우스와 아폴론, 헤라, 헤르메스, 아르테미스 등 그리스·로마 신화에 나오는 신들의 황금 조각상이 웅장함을 더한다. 햇볕이 비추는 날에는 삼손 분수에서 뿜어 나오는 물로 일곱 색깔 무지개가 뜬다고 하니 얼마나 환상적일까? 민영환도 그 옛날 이 분수를 보고 감탄했다. "사람의 입과 어깨에서 물이 뿜어 나와 가로 걸친 것이 갠 날 무지개와 같다."

중앙의 삼손 분수뿐 아니라 여름 궁전에는 제각각 멋진 자태를 뿜어내는 140개의 분수가 있다. 그래서 분수 궁전이라 부른다. 넵튠, 술잔, 정원, 온실, 우산, 트리, 촛대, 체스판, 아담, 이브, 멍청이, 장난꾸러기, 태양, 황금산, 극장, 피라미드… 물줄기 모양에 따라 독특한 이름을 가진 수많은 꼬마 분수들이 물보라로 하늘을 수놓는다. 삼손 분수에서 나온 물은 가운데 운하를 통해 핀란드만으로 흘러간다. 이 운하를 기준으로 똑같은 모양의 작은 분수와 공원이 데칼코마니처럼 좌우 대칭으로 펼쳐져 있다. 경이로운 광경이다. 순간 기시감이 느껴졌는데, 프랑스의 베르사유 궁전을 닮았다. 실제로 여름 궁전은 베르사유를 본떠 만들었다.

나는 삼손 분수에서 운하를 따라 연결된 핀란드만까지 걸어갔다. 핀란드만 쪽에서 거꾸로 대궁전을 바라봤다. 대궁전을 배경

핀란드만 쪽에서 바라본 운하와 대분수, 페테르고프 여름 궁전

으로 하는 분수는 더 멋지고 화려한 장관을 연출했다. 대궁전과 대폭포, 삼손 분수가 마치 3층짜리 조각품처럼 다가왔다. 삼손 분수에서 솟구친 굵은 물줄기가 하늘에서 물보라로 퍼지면서 대폭포에서 분출하는 작은 물줄기들과 춤추듯 합류하고 대궁전의 하늘색 지붕과 어우러지며 빛과 물의 향연을 자아내고 있었다. 순식간에 동화 속 궁전으로 빨려드는 느낌이었다. 전기의 힘이 아니라 언덕 위에 저장한 물이 아래로 흐르면서 나오는 자연 압력으로 물줄기가 솟구치고, 배들이 운하를 통해 여름 궁전까지 들

어왔다고 하니 옛사람들에게 여름 궁전은 마법의 성처럼 다가왔을 테다.

오리들이 노니는 운하를 따라가다 보니 갈매기들이 먹이를 잡고 있는 핀란드만에 닿았다. 바닷가 입구에 선착장이 있다. 상트페테르부르크에서 온 관광객들이 페리에서 내리고 있었다. 선착장 근처 제방에서 바다를 보니 짙푸른 바닷물은 잔잔하고, 하늘에 걸린 하얀 구름은 발트해를 향해 느릿느릿 걸어가고 있었다. 표트르 대제가 꿈꾸던 '유럽으로 열린 창'이 바로 이곳이었다. 오른쪽 해변을 따라 걷다가 공원의 숲속 길로 들어섰다. 삼지창을 든 바다의 신 포세이돈 청동상도 만나고, 귀를 쫑긋 세우고 호기심에 쳐다보는 청설모도 마주치고, 옛날 이 궁전의 주인이었던 표트르 대제 동상도 보았다.

표트르 대제 동상을 지나자 체스의 말을 상징하는 하얀 조각상이 호위하는 체스 분수가 나타났다. 체스판을 닮은 계단 위로 흘러내린 물이 작은 폭포처럼 떨어지고 있었다. 체스 분수 옆에는 '페테르고프, 파괴에서 복구'라는 제목의 안내판이 서 있었다. 제2차 세계대전 당시 파괴된 여름 궁전의 복구 과정을 사진과 함께 소개하고 있었다. 이곳을 점령했던 나치는 1944년 물러가면서 여름 궁전의 많은 부분을 약탈하고 파괴했다. 전쟁은 사람뿐 아니라 도시, 나아가 이렇게 아름다운 문화재까지도 파괴한다. 상트페테르부르크는 전쟁의 참상을 목격한 산증인이다. 당시 레닌그라드였던 상트페테르부르크는 1941년 9월부터 1944년 1월까지 무려 900일 동안 100만 명의 희생자를 내면서도 독일군의 공격을 막아낸 '영웅 도시(고로드 게로이)'다. 소련은 제2차 세계대전 이후 레닌그라드, 민스크, 스탈린그라드(볼고그라드) 등 12개 도시를 '영웅 도시'라 부르며 그 명예를 칭송했다. 독일 나치가 유대인 다음으로 싫어한 인종이 슬라브족이었는데, 당시 프랑스를 한입에 삼킨 히틀러는 "러시아와의 싸움은 어린아이와 싸우는 것과 같다"라며 기고만장했다. 나폴레옹처럼 러시아 침공을 누워서 떡 먹기로 생각했다가 큰코다친 사례다. 러시아의 숨겨진 무기를 미처 몰랐던 것이다. 겨울 추위, 동장군 말이다. 모스크바가 나폴레옹의 무덤이었다면, 레닌그라드는 히틀러의 무덤이었다.

레닌그라드 전투는 러시아로서는 자랑할 만하다. 〈레닌그라드: 900일간의 전투〉는 히틀러에 의한 '레닌그라드 봉쇄'의 참상을 다룬 러시아 영화이고, 쇼스타코비치가 작곡한 〈교향곡 7번 레닌그라드〉는 독일군이 레닌그라드를 포위하자 애국심을 고취하기 위해 만든 작품이다. 그런데 정작 중요한 복구 안내판은 러시아어로만 되어 있고, 영어 설명은 어디에도 없었다. 그러니 관광객들이 무슨 내용인지 모르고 그냥 지나친다. 러시아 국민이라면 초등학교부터 역사를 배우니 '레닌그라드 봉쇄'는 다 아는 내용일 테고, 정작 알려야 할 대상은 외국인 관광객 아닌가? 이제 영어는 '미 제국주의 언어'가 아니라 '국제공용어'라는 사실을 러시아가 받아들일 때다. 더구나 이곳은 전 세계인이 찾는 국제적 명소 아닌가?

어떻든 여름 궁전의 분수 공원은 오후 한나절 산책하며 걷기 좋은 장소였다. 겨울 궁전이 역사와 예술을 보여준다면, 여름 궁전은 자연과 낭만을 선사한다.

일꾼 황제 표트르의 오두막

오후 6시쯤 시내로 들어왔는데, 도무지 해가 넘어갈 생각을 하지 않고 버젓이 하늘에 떠 있었다. 8월 중순이지만 아직도 백야는 자신의 화양연화가 끝나지 않았다고 으스대고 있었다. 시내 다리 중 제일 아름답다는 트로이츠키 다리를 건넜다. 오른편으로 표트르 오두막이 있고, 왼편으로 자야치섬의 페트로파블롭스크 요새가 있다. 표트르 오두막은 페트로파블롭스크 요새 건설을 감독하기 위해 표트르 대제가 1703년 사흘 만에 후다닥 지은 집으로, 애초 목조주택이었으나 벽돌 건물로 다시 지었다고 한다. 표트르 대제는 이 오두막에서 6년 동안 살면서 공사장 인부들과 함께 손에 흙을 묻히며 요새를 만들고 도시를 건설했다. 표트르 대제는 이에 앞서 선진 유럽 문명을 배우기 위해 1697년부터 15개월 동안 독일과 네덜란드, 영국, 오스트리아로 유학을 떠났다. 표트르 대제는 황제 이전에 학자이자 군인이며 선원이고 목수였다. 푸시킨은 이런 표트르 대제를 "왕좌에 앉은 영원한 일꾼"이라 찬양했다.

표트르 대제가 건설한 상트페테르부르크가 얼마나 웅장했는지는 1896년 이곳을 방문한 민영환이 남긴 《해천추범》에 잘 나타나 있다. 《해천추범》은 상트페테르부르크에 관한 조선인 최초의 여행 기록이다. "이 도시는 사방이 100여 리에 인구가 100만이 되는 시가지와 집들이 웅장하고 큰 데다가 예와(네바)강이 온 도시를 껴안았고 황제의 대궐이 강에 임했다." 당시 한성의 인구가 20만 명 정도였으니 한성보다 인구가 다섯 배나 많은 대도시였던 상트페테르부르크의 규모에 민영환이 놀란 것은 당연하다.

표트르 대제가 황제로 있던 1682년부터 1725년 사이 조선에서는 어떤 일이 벌어지고 있었는가? 숙종 때 장희빈을 둘러싸고 당파 싸움이 심해지더니 마침내 경종에 이르러 민중의 삶과는 아무 상관 없는 탁상공론으로 조정은 날을 세웠다. 공사 현장에서 망치를 들고 땀을 흘리는 표트르 대제와 궁궐에서 치맛자락과 당파 싸움에 휘둘리는 조선 왕의 모습에서 두 나라의 운명이 보인다. 다음은 표트르 오두막을 다녀온 민영환이 《해천추범》에 남긴 감상이다.

"피득彼得(표트르)의 옛집에 가서 보니 칸살 막은 것이 무릎을 용납하기에 지나지 않고 집 모양도 작으며 기와는 모두가 나무껍질이니, 다스리는 일이 나라를 이롭게 하는 데는 능하고 집치장하는 데는 모자라니 참으로 검약한 훌륭한 임금이다."

민영환의 부러움이 구구절절 배어 있다. 나라가 망해가는데도 백성의 안위는 눈에 없고 자신의 권좌 유지에만 골몰하는 조선 왕이 얼마나 한심하게 보였겠는가? 1905년 을사늑약으로 일본에 주권을 빼앗기자 자결한 충정공 민영환이 아니던가? 표트르 대제의 최후 역시 백성을 생각하는 황제답게 극적이었다. 그는 상트페테르부르크 건설 현장에서 병사가 물에 빠지자 직접 구하려고 찬물에 뛰어들었다가 폐렴에 걸려 죽었다고 한다. 내가 한국사 시간에 졸았는지는 모르겠지만, 조선 시대를 통틀어 백성을 살리려다 죽었다는 임금 이야기를 들어본 적이 없다. 정작 일본에 나라를 빼앗긴 고종과 순종은 멀쩡하고, 신하인 민영환과 이범진은 자결했다.

토끼섬의 페트로파블롭스크 요새

토끼섬의 페트로파블롭스크 요새

왼편의 자야치섬은 우리말로 토끼섬이다. 러시아어로 토끼가 '자야츠'이고 '자야치'는 그 형용사형이다. 예전에 토끼가 많이 살았다고 하는데, 지금은 요새 안에 세워진 토끼 동상들만이 옛 시절을 떠올린다. 자야치섬의 페트로파블롭스크는 표트르 대제가 스웨덴의 침공을 막기 위해 지은 요새로, 수도를 상트페테르부르크로 정한 뒤 처음으로 세운 건물이다. 애초 군사용 요새였지만 그 안에 대성당과 감옥이 잇따라 들어섰다. 감옥의 첫 죄수는 아이러니하게도 표트르 대제의 아들, 황태자 알렉세이였다. 반란을 꾀했다는 죄목으로 투옥된 알렉세이는 결국 고문 후유증으로 1718년 이곳에서 죽었다. 아버지 영조에 의해 1762년 뒤주에 갇혀 죽음을 맞은 사도세자와 판박이다. 황태자가 아닌 평범한 아들로 태어났더라면 겪지 않았을 비참한 운명이었다.

황태자도 투옥됐으니 다른 정치범들은 말할 필요도 없다. 작가 도스토옙스키와 고리키, 혁명가 트로츠키와 레닌의 형 알렉산드르, 사상가 니콜라이 체르니셉스키도 이곳에 갇혔다. 체르니셉스키가 1863년 이곳에서 쓴 소설 《무엇을 할 것인가》는 젊은이들에게 혁명의 길로 나설 것을 촉구하는 격문과 같은 역할을 했는데, 그에게서 시작된 러시아 사회주의 리얼리즘 문학은 고리키의 《어머니》로 이어진다. 레닌이 뒤에 발표한 《무엇을 할 것인가》라는 혁명 지침서는 체르니셉스키의 소설 이름을 그대로 따온 것. 이들을 가뒀던 황제들도 이곳에 잠들어 있다. 높은 종탑을 머리에 인 페트로파블롭스크 성당 안에는 황제의 무덤이 있는데, 표트르 대제를 비롯해 옐리자베타, 예카테리나 2세, 마지막 황제 니콜라이 2세 등 로마노프 왕가의 모든 황제가 이곳에 있다. 요새에 들어가면 권력을 유지하려는 황제와 이들을 타도하려는 혁명가들의 숨결이 격렬하게 부딪히는 소리가 들리는 듯하다. 자야치섬은 여름에는 사람들이 웃통을 훌렁 벗어 던지고 햇살을 즐기는 해수

욕장으로 변한다. 한두 시간 짬을 내서 둘러보기 좋다.

저녁을 먹기에는 너무 일러 자야치섬 근처에 있는 선상 카페에서 커피를 마시며 시간을 때웠다. 자야치섬 옆의 네바강에는 러시아 격투기 선수 표도르가 운영한다는 목조 선박의 선상 카페가 있었다. 오로지 '공격 앞으로!'만 있는 저돌적 표도르가 돈도 좀 벌었구나 생각했다. 혹시 표도르가 카페에 나왔나 둘러봤으나 보이지 않았다. 나중에 인터넷에서 보니 그 카페의 주인은 표도르가 아니라 표도르가 소속된 격투기 회사의 사장이란다. 이건 또 뭐니?

선상 카페가 있는 목조 선박에는 '플라잉 더치맨'(방황하는 네덜란드인)이라는 전설적 유령선의 이름이 붙어 있었다. 영화 〈캐리비안의 해적 2〉에 나오는 그 플라잉 더치맨이다. 해적선에는 늘 아름다운 아가씨가 있기 마련인데, 실제로 이 선상 카페에도 멋진 러시아 아가씨들이 커피잔을 앞에 두고 네바강의 노을을 바라보고 있었다. 나 역시 노을을 보며 감상에 빠져들었다. 백야의 끝자락이 네바강 위로 그림자를 드리울 때 선상 카페를 묶고 있는 저 배의 밧줄이 뚝 끊기면 얼마나 좋을까. 그럼 '플라잉 더치맨'이라는 이름답게 선상 카페는 네바강을 따라 발트해에 닿은 뒤 대서양을 지나 아프리카 희망봉에 다다르겠지. 희망봉은 영원히 죽지 못하고 떠돌아다니는 유령선 플라잉 더치맨의 고향이다.

1905년 러일 전쟁 당시 무적의 러시아 발트 함대도 비극적 운명을 모른 채 희망봉 앞바다를 지나갔다. 나는 오래전 남아공 희망봉에서 발트 함대의 비극을 떠올렸는데, 지금 발트 함대의 출항지에 와 있다.

문화의 길

오늘은 문화의 길을 탐방하러 가는 날이다. 문학예술의 길이라 불러도 좋다. 나는 전날 꿈에서 넵스키 대로를 걷다가 19세기 이곳에 살던 푸시킨과 도스토옙스키, 고골, 차이콥스키, 레핀 등을 만났다. 그들을 따라 저녁 파티에 가서 보드카를 홀짝이며 문학과 음악에 대해 이야기를 나누다 꼬박 밤을 새웠다. 보드카가 밑에 깔리고 얼음 위에 시와 소설, 음악과 미술이 칵테일처럼 흐르는 상트페테르부르크의 멋진 밤이었다. 오래전 봤던 영화 〈미드나잇 인 파리〉가 문제였다. 우디 앨런의 그 영화가 머릿속에 잠재해 있다가 장소만 파리에서 상트페테르부르크로 바뀐 채 그대로 꿈속에서 재현됐다. 파리처럼 문학과 예술이 넘치는 상트페테르부르크는 환상의 시간 여행을 하기에 좋은 도시다.

해방 뒤 이곳 상트페테르부르크를 찾은 두 명의 월북 인사도 유럽형 문화 도시에 감탄했다. 월북 작가 이태준은 1946년 9월 소련 정부의 초청을 받아 조선작가동맹의 일원으로 러시아를 방문하고 기행문 《소련기행》을 썼다.

"레닌그라드는 … 혼자 솟은 집이 없고 혼자 낮은 집이 없다. … 계획 도시로 길들이 곧은 것과 강물이 시내 처처에 그득 차 있는 것과 속에는 사람이 살고 겉에는 조각품들이 사는, 인간과 예술의 공동주택이 많아 품위와 관상의 도시라는 것이 느껴진다."

이태준보다 3년 늦은 1949년 3월, 역시 소련 정부의 초청을 받은 월북 학자 백남운은 기행문 《쏘련인상》에서 상트페테르부르크를 이렇게 소개했다.

"도로가 바둑판처럼 정연한 품이 최초부터 일정한 계획에 의거한 도시인 인상을 준다. 게다가 건물들이 불규칙하게 올망졸망한 것이 아니라 대체로 4, 5층이나 5, 6층 집이 즐비하게 늘어서 있으므로 일견에 구라파식 도시인 미관이 떠돈다. 특히 중요 건물의 외부에 장식된 조각들은 희랍 미술의 전통을 모르고는 이해하기 어려울 만큼 조각들이 눈에 많이 띄운다."

잠깐, 여행에 나서기 전 먼저 아침 식사 얘기부터 독자들에게 보고해야겠다. 이번에도 중국 단체관광객이 어떻게 여행 문화를 바꾸고 있는지에 대한 생생한 현장 중계다. 일찍 아침을 먹으러 오전 7시 호텔 2층 식당으로 내려갔다가 복도에 서 있는 줄을 보고 깜짝 놀랐다. '이거 뭐야? 노숙자 무료 배식 장소야?' 식당 앞에는 벌써 20미터쯤 사람들이 줄지어 있었다. 호텔에 투숙한 중국 단체관광객이 한꺼번에 식사하러 내려온 것이다. 여러 나라를 다녀봤지만 호텔 아침 식사에서 이렇게 긴 줄은 처음 봤다. 현재 중국 인구 13억 명 중 겨우 1억 명이 해외여행을 하는데도 이 정도니 앞으로 3억이 움직인다면 아침마다 식당 앞에서 벌어질 깃발 전쟁 생각에 아찔했다. 여기에 12억 인구의 인도 관광객이 시바 신의 삼지창을 앞세우고 합세한다면 아침부터 줄서기 전쟁으로 호텔은 야단법석 시장터가 될 판이다. 그러니 하루라도 빨리 세계 여행에 나서라는 얘기다.

러시아의 식당 서비스도 문제였다. 세계 대부분 호텔은 아침 식사는 뷔페식으로 투숙객이 알아서 갖다 먹도록 한다. 커피나 물은 자판기나 정수기에서 손님들이 스스로 뽑아 마시고, 수저도

한 곳에 갖다 놓으면 각자 필요한 것만 가져가면 된다. 그런데 이 호텔은 직원이 일일이 커피포트와 물통을 들고 다니면서 손님에게 따라주고, 수저도 직원이 직접 갖다주었다. 일반 레스토랑식으로 아침 손님을 맞고 있었다. 그러니 한꺼번에 몰려오는 관광객을 감당할 수가 없었다. 일자리 창출 차원에서 이런 서비스 제도를 고수하는 거라면 할 말이 없지만, 내 눈에는 효율성을 무시하는 사회주의의 잔재처럼 보였다.

말이 나온 김에 여행자를 불편하게 하는 러시아의 또 다른 제도도 얘기해보자. 바로 외국인 여행자에 대한 거주지 등록제다. 내가 묵은 호텔에서는 여권을 주면 대신 등록해줬지만, 러시아에 7일 이상 머무는 여행자는 반드시 러시아 관공서에 가서 등록해야 한다. 아침 화장실 시간도 줄이는 바쁜 여행자가 그럴 시간이 어디 있는가? 외국인 여행자를 통제하기 위한 사회주의의 잔재다. 여행자 거주지 등록제는 러시아와 그 '동생'인 벨라루스만이 시행하고 있는 구석기 관행이다. 여행자가 마음대로 다닐 수 없는 최악의 북한조차 이런 제도는 없다. 여행자가 얼마나 자유롭게 여행할 수 있는지는 그 나라 민주주의의 척도이기도 하다.

지상의 천국, 성 이사크 성당

문화의 길은 넵스키 대로에서 시작한다. 넵스키 대로는 '네바강의 거리'라는 뜻이다. 해군성에서 알렉산드르 넵스키 수도원으로 이어지는 4.5킬로미터의 넵스키 대로는 문학, 음악, 종교를 품은 문화의 길이다. 상트페테르부르크가 낳은 세계적 작가와 음악가들이 이 거리를 거닐면서 창작 활동의 영감을 얻었으며, 유명한 오페라 극장과 성당이 가로수처럼 이 길을 따라 늘어서 있다. 모든 길은 로마로 통하듯 상트페테르부르크는 넵스키 대로로 통한다. 이틀이 지나자 시내의 거리도 그리 낯설게 느껴지지 않았다. 전날 겨울 궁전과 교외의 여름 궁전을 왔다 갔다 하면서 이미 성 이사크 성당과 카잔 성당을 눈에 익혀뒀다. 이들 건물은 워낙 높이 솟아서 시내를 다니다 보면 저절로 눈에 들어온다.

문화 순례의 첫 목적지는 종교예술의 꽃인 성당이다. 넵스키 대로가 시작하는 해군성 뒤에 있는 성 이사크 성당으로 갔다. 성경 속 아브라함의 아들 이삭이 아니라 표트르 대제의 수호성인이었던 러시아 정교회 성인 '달마티아의 이사크(이삭)'를 기리는 성당이다. 성 이사크 성당은 카잔 성당, 피의 사원과 함께 상트페테르부르크의 3대 종교건축물로, 이들 세 성당은 시내 중심가에 삼각형의 꼭짓점으로 보석처럼 박혀 있다. 종교 이전에 하나의 예술품으로서 각각 모양도 다르고 느낌도 다르니 비교하면서 보는

성 이사크 성당

즐거움이 꽤 크다.

성 이사크 성당에 도착했을 때 먼저 그 웅장함에 놀랐다. 상트페테르부르크에서 가장 큰 러시아 정교회 건물이라는 사실이 실감 났다. 높이 101미터가 넘는 지붕은 비행기가 닿을 정도로 스카이라인을 밀어 올리고, 100킬로그램이 넘는 금으로 장식한 둥근 돔은 태양처럼 빛을 발하며, 붉은색 화강암 기둥은 아틀라스를 대신해 하늘을 떠받치고 있었다.

그러나 무적함대처럼 강인해 보이는 이 성당도 자세히 보니 나픔의 상처를 보듬고 있었다. 상처 없는 영혼이 어디 있으랴. 아름다운 입구의 코린트식 붉은색 화강암 기둥에는 곰보처럼 여기저기 움푹 팬 흉터들이 뚜렷이 남아 있었다. 잔혹한 수두, 마마가 다녀간 흔적이다. 그 수두, 마마는 제2차 세계대전 당시 독일군의 총알과 포탄이다. 왼쪽의 작은 흉터는 총알 흔적이고, 오른쪽의 움푹 팬 상처는 포탄의 흔적이다. 종교 성전도 전쟁을 피하지는 못했다. 페테르고프의 여름 궁전과 마찬가지로 '레닌그라드 900일 공방전'의 역사적 현장이다. 그 총탄을 맞고도 꿋꿋이 버틴, 핀란드에서 시집온 화강암의 강인함에 경의를 표했다.

성당 안으로 들어갔다. 성당 문턱 하나 사이로 지상의 속세와 천상의 천국이 갈리고 있었다. 온통 황금빛으로 칠한 벽과 수많은 이콘(성화), 모자이크, 프레스코, 스테인드글라스, 푸른 옥, 녹색의 공작석 기둥은 종교의 경건함과 화려함의 극치를 보여주고 있었다. 성당 한가운데에 있는 천장화가 압권이다. 까마득히 높은 천장화는 가운데 하얀 비둘기가 하늘을 날고, 그 주위를 예수 그리스도와 열두 사도가 빙 둘러싸고 있는 그림이다. 비둘기는 삼위일체 중 성령을 상징한다. 《마태복음》에 "성령이 비둘기 모양으로 당신(예수)에게 내려오시는 것을 보셨다"라는 기록이 있다. 고개를 들어 천장을 올려다보니 나도 저 비둘기와 함께 천국으로 올라가는 듯한 착각을 불러일으킨다. 과거 성당에 들어온

신도들도 이런 느낌이었을 터. 천국이 따로 없다. 성당 안을 천국으로 꾸며놓았다. 이콘이 최고의 전도사라는 것을 성당은 보여주고 있었다. 성경의 내용을 모르거나 글자를 모르는 사람도 이콘을 보고 천국을 믿기 시작했고 기독교인이 되었다. 이콘은 그림으로 나타낸 성경이다. 러시아의 종교는 크리스트교(기독교), 그중에서도 동방 기독교인 비잔틴 제국의 동방 정교(그리스 정교회), 더 세분하면 러시아 정교회다.

중앙 제단은 왜 이리도 장엄한지. 그리스도의 부활을 상징하는 붉은 성의를 입은 예수의 스테인드글라스가 있는데, '어서 나에게 오라'며 손짓하는 듯했다. 지성소로 들어가는 문이자 천국으로 향하는 문이다. 이처럼 성스러운 성당 안에도 자신을 뽐내고 싶어 하는 인간이 있었으니, 청동으로 만든 남문에는 정교회 성인들이 새겨져 있는데 성인이 아닌데도 슬쩍 끼어든 차르가 한 명 있다. 감히 여기가 어디라고. 오른쪽 맨 아래 군인들이 노를 젓는 배에서 왼손으로 어딘가를 가리키고 있는 표트르 대제다. 성인은 종교적 신성을 보여줘야 하므로 황제로서 아무리 뛰어난 업적이 있다 해도 성인이 되는 것은 아니다. 러시아 정치인 중 정교회 성인으로 추앙된 인물은 988년 기독교를 도입한 블라디미르 1세, 억울하게 죽어간 블라디미르 대공의 두 아들 보리스와 글레브 형제, 13세기 네바강 전투에서 스웨덴의 침략을 막아낸 국민 영웅 알렉산드르 넵스키, 볼셰비키에 의해 일가족이 몰살당한 마지막 황제 니콜라이 2세와 그 가족 등이 있다.

성 이사크 성당 안은 축구장처럼 넓다. 그런데 그 넓은 예배당에 신도석 같은 의자는 하나도 보이지 않는다. 성당 안에서 축구나 달리기를 할 리는 없는데? 로마 가톨릭 성당이나 개신교 교회와 달리 러시아 정교회는 신자들이 선 채로 예배를 본다. 남녀유별의 유대 전통에 따라 남자는 오른쪽, 여자는 왼쪽에 따로 선다. 성호를 그을 때도 이마에서 시작해 배를 거쳐 오른쪽 어깨부터 긋고, 찬송가도 피아노 반주 없이 아카펠라로 부르며, 성당 지붕에 달린 십자가의 모양도 가지가 여덟 개인 '8단 십자가'다. 러시아 정교회 신부들은 결혼도 할 수 있다. 크리스트교라는 같은 뿌리에서 나왔지만 러시아 정교회와 로마 가톨릭은 종교 관행과 일부 교리 해석에서 차이가 있다.

성당 밖으로 나와 돔 전망대로 올라갔다. 262개의 계단을 따라 황금빛으로 칠한 돔에 도착했다. 시내가 파노라마처럼 한눈에 들어왔다. 마치 새가 되어 하늘에서 내려다보는 듯한 시내 전경은 조감도처럼 입체적이고 아름다웠다. 네바강과 에르미타시 박물관, 해군성, 피의 사원, 마린스키 극장, 아스토리아와 앙글르테르 호텔, 강 건너 페트로파블롭스크 요새가 만화경 속의 한 장면을 차지하고 있었다. 성당 앞 광장에는 니콜라이 1세 기마상이 보이

성 이사크 성당 전망대에서 바라본 네바강

고, 멀리 해군성 옆에는 표트르 대제 기마상이 삐죽 얼굴을 내밀고 있었다. 전망대를 한 바퀴 돌자 상트페테르부르크 시내 전경이 한 편의 파노라마로 뚝딱 만들어졌다. 가끔은 이런 전망대에 올라 새의 눈높이에서 세상을 바라보자.

앙글르테르 호텔과 시인 예세닌

성 이사크 성당에서 넵스키 대로로 걸어갔다. 그때 성당 왼쪽 앙글르테르 호텔 5번 방에서 누군가 나를 간절히 부르는 소리가 들리는 듯했다. '앙글르테르'는 프랑스어로 '영국'이라는 뜻이니 '영국 호텔'이다. 저 붉은색 4층짜리 호텔에 누군가의 영혼이 떠돌고 있었다. 오래전 한 젊은이가 그 호텔에서 자신의 손목을 칼로 그어 피로 시를 썼다. 피로 쓴 시가 그의 유언이었다. "이 세상에서 죽는다는 것은 새삼스러운 일이 아니지. 하지만 산다는 것 역시 새삼스러울 것 없는 일이지." 죽으란 말인지, 살라는 말인지. 죽어가면서도 이런 오묘한 유언의 시를 남긴 인물이 있었으니 '러시아의 랭보'로 불린 혁명 시인 세르게이 예세닌이다. 열일곱 살 연상의 맨발의 무용가 이사도라 덩컨과 결혼했던 러시아 젊은이다. 그가 1925년 최후를 맞은 5번 방은 이사도라 덩컨과 신혼여행을 보냈던 곳이다. 달콤했던 신혼 방에서 그는 〈잘 있거라, 친구여〉라는 피로 쓴 시를 남기고 서른 살에 목을 매어 세상을 떠났다.

예세닌이 죽고 2년 뒤 이사도라 덩컨도 극적인 최후를 맞았다. 그녀의 목을 감싼 붉은색 스카프의 끝자락이 바람에 날려 자동차 뒷바퀴에 감기면서 목이 부러져 숨졌다. 최후마저도 행위예술처럼 극적인 죽음이었다. 뭇 남성들의 청혼에 "예술가가 무슨 결혼을 해요?"라고 코웃음 치던 '영원한 독신주의자' 덩컨이 일찍 죽은 아들을 닮았다는 이유로 예세닌에게 빠져들었으니…. 예세닌과 덩컨은 처음부터 잘못된 만남이었다. 앙글르테르 호텔을 지나며 불행했던 연인의 불행한 죽음을 떠올렸다. 그 옆으로는 7층짜리 아스토리아 호텔이 있다. 외국 정상들이 묵는 유서 깊은 호텔인데, 해방 뒤 소련 정부의 초청으로 러시아를 방문한 백남운은 《쏘련인상》에서 1949년 김일성 수상, 박헌영 부수상, 홍명희 등 북한 대표단이 이 호텔에 묵었다고 했다.

넵스키 대로로 가기 위해 말라야 모르스카야 거리를 따라 걸었다. 고로호바야 거리와 만나는 사거리가 나왔다. 고로호바야 13번지는 차이콥스키가 살았던 집이다. 지금은 식당으로 사용되고 있다. 상트페테르부르크에서는 평범해 보이는 가정집이나 식당의 문패도 허투루 볼 일이 아니다. 뒷골목 어디를 가도 놀라운 예술가의 흔적과 마주치게 된다. 골목길 하나하나가 모두 박물관인 도시가 상트페테르부르크다.

넵스키 대로에 도착했다. 오른쪽 도로를 따라 모이카 운하를 건넜다. 고골과 도스토옙스키, 투르게네프 같은 작가들이 거닐던 거리다. 당연히 그들의 작품에 단골로 등장하는 장소다. 이 아름다운 넵스키 대로를 망치는 놈이 있었으니 거리 곳곳에 거미줄처럼 쳐진 전깃줄이다. 트롤리버스와 가정용 전선이 칡넝쿨처럼 얽히고설켜 보행자의 시선을 가리고 도시 미관을 해친다. 서울이 고가도로 철거로 잃어버렸던 도시 미관을 찾았듯 상트페테르부르크도 당장 전기선을 지중화해야겠다. 많은 나라에서 전기선과 통신선을 땅속에 묻는 전선 지중화 사업으로 친환경 가로를 만든다. 바람과 구름이 지나가는 하늘길은 텅 비어 있어야 그 아름다움이 빛난다. 지상은 인간이 차지하더라도 하늘만큼은 자연 그대로 남겨두자.

'기도발'의 최고 존엄 카잔 성당과 쿠투조프 장군

모이카 운하를 건너기 직전, 왼쪽에 푸시킨의 단골집이던 문학 카페가 보였다. '저녁때 보자.' 나는 푸시킨 문학 카페에 간단히 인사하고 지나쳤다. 저녁 식사 장소로 예약해놓은 까닭이다. 모이카 운하 다리를 건너자 오른편으로 카잔 성당이 나왔다. 성 이사크 성당과 함께 상트페테르부르크를 대표하는 정교회 건축물이다. 성 이사크 성당이 웅장한 아버지의 포스를 풍긴다면, 카잔 성당은 사람을 편안하게 하는 어머니의 포근함을 선사한다. 그리스 파르테논 신전이 떠오르는 94개의 코린트식 기둥이 병풍처럼 반원형으로 성당을 둘러싸고 있다. 그래서인지 성모 마리아의 품 안으로 들어가는 느낌이 든다. 카잔 성당의 둥근 기둥과 삼각형 박공, 돔 모양 등 신고전주의 양식이 낯설지 않았다. 그렇지, 로마 바티칸의 성 베드로 대성당을 본떠 만들었구나.

카잔 성당 앞 쿠투조프 장군 동상

성당 광장 왼쪽 입구에 마치 성당의 수호신처럼 늠름한 자세로 서 있는 동상이 있다. 미하일 쿠투조프 장군이다. 오른손엔 칼을 쥐고 왼손엔 지휘봉을 든 채 두 발은 나폴레옹 군기를 짓밟고 있다. 예르미타시의 육군원수 전시실에도 전시되어 있는 러시아의 전쟁 영웅이다. 초토화 작전으로 나폴레옹과의 조국 전쟁을 승리로 이끈 쿠투조프는 러시아에서 이순신 장군과 같은 인물이다. 조국 전쟁에 나가기 전 이 성당을 찾아 기도를 올린 쿠투조프는 전쟁에서 승리하고 죽어 이곳에 잠들었다. 광장 오른쪽 입구에는 쿠투조프와 함께 나폴레옹을 물리친 육군장관 미하일 바르클

신도들이 카잔 성당 안에 걸린 이콘 〈카잔의 성모〉에 입을 맞추기 위해 길게 줄 서 있다.

라이 드 톨리의 동상이 서 있다. 성당 앞에 나라를 지킨 장군의 동상을 세워둔 것은 애국심 고취라는 긍정적 측면도 있지만, 러시아 정교회와 국가 권력의 지나친 일체화를 보여주는 단면이기도 하다.

성당 안으로 들어갔다. 많은 러시아 신자들이 제단 왼쪽 벽을 보고 길게 줄 서서 차례를 기다리고 있었다. 벽에는 심상찮은 이콘이 걸려 있고, 신도들은 차례로 그 이콘에 입을 맞춘 뒤 경건한 모습으로 돌아섰다. 성모 마리아가 아기 예수를 안고 있는 기적의 상징 〈카잔의 성모〉다. 성당의 이름은 이 이콘에서 유래했다. 〈카잔의 성모〉가 기적의 상징이 된 데는 다 스토리가 있다. 카잔 지역은 이반 3세 대제가 1487년 몽골의 타타르로부터 해방한 곳인데, 1579년 화재로 잿더미가 됐다. 그런데 도시에서 유일하게 불타지 않고 남은 것이 〈카잔의 성모〉였다. 기적의 시작이었다. 1612년 폴란드 침공 때는 러시아군이 이 〈카잔의 성모〉를 전장까지 들고 가서 적을 물리쳤고, 1812년 나폴레옹 침공 때는 쿠투조프 장군이 〈카잔의 성모〉 앞에서 기도한 뒤 승리를 거뒀다. 〈카잔의 성모〉는 자연스럽게 러시아 사람들에게 기적의 상징이자 승리의 상징으로 추앙받았다. 한마디로 '기도발'의 최고 존엄이 된 셈이다. 그러나 러시아인들이 그렇게 애지중지하던 〈카잔의 성모〉는 어처구니없이 사라져버렸다. 1904년 〈카잔의 성모〉를 모셔놓은 카잔 지역 수도원에 도둑이 들었는데, 값비싼 보석들로 장식한 황금 액자만 챙기고 정작 중요한 이콘은 불태워버렸다. 루브르 박물관에서 〈모나리자〉 그림은 찢어서 쓰레기통에 버리고 그 액자만 훔쳐간 꼴이다. 현재 카잔 성당에 있는 이콘은 모사품이다. 카잔의 성모를 모시는 같은 이름의 '카잔 성당'은 모스크바와 야로슬라블, 이르쿠츠크 등 러시아 곳곳에 있다.

북쪽 예배당 지하에 쿠투조프 장군의 유해가 안장되어 있다. 성당 1층에는 독수리 부조 아래 창 막대기로 둘레를 친 사각형 모양의 쿠투조프 묘가 있다. 비문에는 그의 이름이 새겨져 있고, 그 앞에는 꽃다발이 놓여 있었다. 쿠투조프가 나폴레옹 군에게서 뺏은 107개의 군기와 승리의 트로피도 전시되어 있어 전승기념관으로 착각할 정도다. 종교와 전쟁, 성모상과 장군 동상, 이콘과 전리품, 신전과 전승기념관. 이것이 카잔 성당의 이중성이다. 러시아 정교회의 특성인 종교와 국가 권력의 유착을 여기서도 엿볼 수 있다.

성당 밖으로 나왔다. 성당 광장에는 여행객뿐 아니라 러시아 시민들이 끼리끼리 모여 쉬고 있었다. 지금은 시민의 쉼터로 바뀐 성당 광장은 제정 러시아 시기 차르 체제에 저항하는 학생들의 단골 시위 장소였다. 이곳에서 1876년 최초의 대규모 학생 시위가 일어났다. 학생들은 넵스키 대로를 따라 겨울 궁전까지 행진을 벌였다. 1970~1980년대 우리나라 민주화 시위의 단골 장소였던 명동 성당이 떠오른다.

카잔 성당 바로 건너편에는 멋진 건물이 있다. 옥상에 있는 지구의를 떠받치는 조각상과 날개를 편 독수리상이 인상적이다. 돔 크니기 서점이다. 책방이 예술품이다. 기념품도 파는데, 40대 중반의 한국 여성 관광객이 뭔가를 앞에 놓고 살까 말까 망설이고 있었다. 그녀를 유혹하는 것은 러시아 황실 도자기 로마노소프 찻잔. 화려함을 좋아했던 옐리자베타 여제의 지엄한 명령을 따라

카잔 성당 건너편의 돔 크니기 서점

만든 찻잔이니 얼마나 아름답고 화려하겠는가? 그것도 모두 수제품이니 로마노소프 찻잔의 섬세함은 이루 말할 수 없다. 러시아 여행을 하다 보면 단군의 아낙네들이 이 황실 찻잔의 치명적 유혹 앞에 비자카드를 만지작거리며 고민하는 모습을 많이 본다. 아, 돈이 없어 슬픈 사슴이여! 언제나 카드 앞에서 허둥대는구나.

커피 한 잔의 여유를 즐기려 서점 옆 싱거 카페에 들어갔다. 그러나 자리가 꽉 차서 내가 앉을 공간은 없었다. 다시 밖으로 나오는데, 어김없이 배가 꼬르륵, 경고를 보내기 시작했다. 전자시계

러시아 전통 꼬치구이 샤슬릭과 팬케이크 블리니

가 아무리 정확하다 해도 밥 먹는 시간은 배꼽시계만큼 정확한 게 없다. 위가 데모를 하기 전에 서둘러 근처 러시아 식당으로 들어갔다. 점심으로 비트라는 채소 뿌리로 만든 붉은색 수프 보르시, 양 꼬치구이 같은 샤슬릭, 감자튀김, 팬케이크 같은 블리니, 약간의 샐러드를 먹었다. 역시 음식이 들어가니 바로 위가 잠잠해졌다. 금강산도 식후경이다. 파업도 혁명도 모두 빵 때문에 일어났으니 배가 허기진 신호를 보내면 바로 충족시켜줘야 위와 장의 합동 쿠데타로 쫓겨나지 않는다. 쿠데타 걱정 이전에 여행으로 지친 내 몸에 대한 여행자의 도리이기도 하다. 나는 음식을 가리는 성격이 아니어서 어느 것이나 입맛에 맞았다. 여행을 즐기려면 먹고 자는 데 있어서 머슴과 무수리 체질이 되어야 한다.

미하일롭스키 예술 광장

점심을 먹었으니 이제 소화를 시켜야 한다. 소화에는 걷기가 최고다. 그리보예도바 운하를 따라 걷다 보니 미하일롭스키 광장에 닿았다. 광장 한가운데는 유명한 푸시킨 동상이 서 있었다. 비둘기들이 바바리코트를 입은 푸시킨 동상의 머리부터 오른팔까지 점령했다. 어쩌다 푸시킨이 비둘기에게 연금당하는 신세가 되었는지 모르겠다. 비행기에서 만난 나타샤에게 러시아 사람들은 톨스토이와 푸시킨 중 누구를 더 좋아하느냐고 물었다. 유치한 질문이었지만 그녀는 친절하게 답했다. "러시아 사람들은 푸시킨을 가장 좋아해요." 비운의 사나이 푸시킨은 비둘기에 의한 연금 상태에서도 무심한 표정으로 오른팔을 들어 어딘가를 가리키고 있었다. 푸시킨의 함성이 들려오는 듯했다. "무거운 사슬이여 풀려라. 감옥이여 내 말에 열려라. 문 앞에 자유가 와 있다." 모두가 차르의 압제에 숨죽일 때 광야에서 홀로 자유를 외치는 고독한 사람이 있었으니, 그가 바로 푸시킨이다. 동상의 시선은 땅이 아니라 하늘을 향해 있다. 모두가 황제를 바라볼 때 그는 민중을 바라봤고, 모두가 권력에 무릎 꿇을 때 그는 자유를 위해 일어섰다.

광장 주위는 미하일롭스키 오페라 발레 극장과 상트페테르부르크 필하모니(쇼스타코비치 필하모니) 연주홀, 러시아 박물관이 둘러싸고 있다. 미술과 음악, 오페라와 발레를 한꺼번에 볼 수 있는 장소다. 그래서 미하일롭스키 광장을 '예술 광장'이라 부른다. 푸시킨 동상 뒤로는 러시아 박물관이 있는데, 예르미타시 박물관, 모스크바의 푸시킨 미술관, 트레차코프 미술관과 함께 러시아 4대 미술관으로 꼽힌다. 러시아 박물관과 트레차코프 미술관은 주로 러시아 작가들의 작품을 모아 놓았다. 러시아 박물관에는 브률로프의 〈폼페이 최후의 날〉과 페도토프의 〈소령의 구혼〉 등이 있지만, 현장의 민중을 찾아가는 '이동파'의 대표적 인물인 일리야 레핀이 그린 〈볼가강의 배 끄는 인부들〉(1873)이 가장 유명하다. 옆에 있는 예인선 비용보다 임금이 더 싸다는 이유로 농노들에게 배를 끌게 한 〈볼가강의 배 끄는 인부들〉은 1870년대 러시아 민중의 비참한 현실을 보여준다. 레핀의 〈볼가강의 배 끄는 인부들〉이 러시아 민중봉기를 촉구하는 혁명의 깃발이었다면, 이사크 레비탄이 시베리아 정치범 유배를 그린 〈블라디미르의 길〉(1892)은 혁명의 행군이었고, 카지미르 말레비치가 새로운 사회의 도래를 그린 〈검은 사각형〉(1915)은 혁명의 완성을 의미했

러시아 박물관

다. 트로츠키나 김학준이 쓴 1,000쪽이 넘는 두꺼운 《러시아 혁명사》의 내용이 이 세 그림 속에 모두 들어 있다.

옥춘사탕 피의 사원

미하일롭스키 광장에서 코 닿을 거리에 있는 '피의 사원'으로 갔다. 그리보예도바 운하 옆에 세운 피의 사원은 마치 물 위에 떠 있는 동화 속 신전 같았다. 모스크바의 성 바실리 성당을 빼닮았다.

실제로 성 바실리 성당을 본떠 지었으니 그럴 수밖에. 하지만 청출어람이라고 피의 사원의 아름다움은 성 바실리 성당 못지않다. 양파를 닮은 지붕의 화려한 돔(쿠폴)이 아기자기한 아름다움을 자아내는데, 이 양파 돔은 천상으로 봉헌하는 촛불을 형상화한 것이라고 한다. 그러나 나에게 이 돔은 어릴 적 빨아먹던 옥춘사탕을 생각나게 했다. 색동옷을 입은 듯 화려한 색깔의 알록달록 사탕 말이다. 어릴 때는 왜 그리도 맛있던지. 조선의 제사상에 오르던 옥춘사탕이 언제 러시아 정교회 사원의 꼭대기에 올라갔을까? 당장 성당 위로 올라가 쪽쪽 빨아먹고 싶은 충동을 일으킬 정도로 나를 동심의 세계로 데려갔다. 내 입술을 보니 벌써 파블로프의 개처럼 반쯤 열려 있었다. 조건반사를 발견한 이반 파블로프는 이곳 상트페테르부르크 대학의 교수였다. 조선의 옥춘사탕이 그토록 밝고 화려한 것은 조상님 오는 길을 환하게 밝히는 등불이란 의미인데, 러시아 성당의 돔도 하늘나라로 올라가는 길을 밝히는 등불의 역할을 하고 있었다.

피의 사원의 공식 명칭은 '그리스도 부활 성당'이다. 하지만 1881년 여기서 암살당한 황제 알렉산드르 2세를 기려 만든 사원이다 보니 피의 사원으로 더 잘 알려져 있다. 농노제를 폐지한 '해방자'로 추앙받던 알렉산드르 2세는 이곳에서 '인민의 의지'라는 사회주의 혁명 급진 세력에 암살당했다. 그는 미국의 노예

'피의 사원'으로 불리는 그리스도 부활 성당

해방보다 2년 앞선 1861년에 농노제를 폐지하고, 의회에 권한을 넘겨 '국왕은 군림하되 통치하지 않는다'는 서구식 입헌군주제로 나아가려 했다. 그러나 왕위를 계승한 아들 알렉산드르 3세는 극단적 반동 정치로 돌아섰고, 1917년 2월 혁명 때까지 러시아는 '피의 소용돌이'로 급속히 빨려 들어갔다. 알렉산드르 2세가 암살당하지 않았더라면 러시아 역사는 어떻게 되었을까? 부질없는 생각이지만, 러시아가 피를 부르지 않고 서구식 민주주의로 나아갈 기회는 그렇게 날아갔다. 피의 사원 안에는 작은 정자 아래 알렉산드르 2세가 저격당한 장소가 표시되어 있다. 피는 피를 부른다. 피로 차르를 몰아냈던 러시아 공산주의는 더 큰 피바다를 불러왔으니 말이다.

센나야 광장, 도스토옙스키를 찾아서

피의 사원을 떠나 그리보예도바 운하를 따라 센나야 광장으로 갔다. 도스토옙스키의 흔적을 찾아 나서는 길이다. 《죄와 벌》의 무대인 센나야 광장은 현대식 시장과 깨끗한 광장으로 바뀌어 있었다. 소설에 나오는 사창가와 빈민가의 뒷골목 분위기는 어디서도 찾을 수 없었다. 소설이 1866년에 발표됐으니 벌써 150년이란 세월이 흘렀다. 옛 모습이 그대로 남아 있을 리 없다. 그러나 소설 속 현장의 흔적이 완전히 사라진 것은 아니다. 《죄와 벌》은 이렇게 시작한다.

> "7월 초순 무더위가 기승을 부리던 어느 날 저녁 무렵, 한 청년이 S 골목의 하숙방에서 나와 좀 주저하는 듯한 걸음으로 K 다리 쪽으로 걷고 있었다."

센나야 광장

주인공 라스콜리니코프가 고리대금업자 노파를 살해하기 위해 걸어 나오는 장면이다. 청년 라스콜리니코프가 걸어 나온 S 골목은 센나야 광장 근처의 '스톨랴르니 골목길'이며, 노파의 전당포를 향해 건넌 K 다리는 '코쿠시킨 다리'다. 사랑하는 매춘부 소냐 앞에 고해성사를 한 라스콜리니코프가 경찰서로 자수하러 가기 전 땅에 엎드려 입을 맞춘 곳도 '자신이 더럽힌 대지'인 이곳 센나야 광장이다. 고개를 푹 숙이고 경찰서로 걸어가는 창백한 라스콜리니코프와 그를 바라보는 애틋한 소냐의 모습이 눈에 선하다.

센나야 광장을 중심으로 주인공 라스콜리니코프의 집, 소냐의 집, 노파의 전당포 등 소설 속 장소가 남아 있으니 문학 기행 하듯 찾아보는 재미도 쏠쏠하다. 근처 카즈나체이스카야 거리 7번지에는 도스토옙스키가 《죄와 벌》을 완성한 집이 있다.

도스토옙스키가 상트페테르부르크에서 묵었던 집은 무려 스무 곳이 넘는데, 항상 돈에 쪼들려 자주 이사해야 했기 때문이다. 그가 죽음을 맞은 쿠즈네츠니 거리 5번지 도스토옙스키 박물관으로 발길을 돌렸다. 박물관으로 향하는 도중에 도스토옙스키가 사형수로 처형되기 직전 구사일생으로 살아남은 세묘놉스카야 광장에 들렀다. 센나야 광장에서 폰탄카 운하의 세묘놉스키 다리를 건너면 반원형의 세묘놉스카야 광장이 나온다. 젊은 도스토옙스키는 차르에 저항한 반체제 혐의로 붙잡혀 1849년 12월 이곳 광장의 사형대에 섰다. 그의 나이 스물여덟, 총살형 직전에 차르의 사면으로 집행이 정지되면서 시베리아로 유배를 갔다. 사형 직전 최후 5분의 심정은 소설 《백치》에 잘 드러나 있다. "이 세상에서 숨 쉴 수 있는 시간은 단 5분뿐이다. 그중 2분은 동지들과 작별하는 데, 2분은 삶을 되돌아보는 데, 나머지 1분은 이 세상을 마지막으로 한번 보는 데 쓰고 싶다." 죽음의 문턱까지 갔던 그는 인생을 마지막 5분의 연속으로 여기고 단 한순간도 허투루 살지 않았다. 세묘놉스카야 광장은 살벌했던 사형장의 모습은 사라지고 가로수만이 지나가는 사람들에게 그림자를 드리우고 있었다.

도스토옙스키 박물관은 세묘놉스카야 광장에서 그리 멀지 않았다. 블라디미르스카야 역과 블라디미르 광장 사이의 쿠즈네츠니 거리 5번지. 지하철역 왼쪽 대로변의 도스토옙스키 동상이 이정표 역할을 한다. 박물관에는 도스토옙스키의 말년을 엿볼 수 있는 흔적들이 전시되어 있다. 1880년 《카라마조프가의 형제들》을 완성하고 그 이듬해 죽을 때까지 살았던 집이다. 《카라마조프가의 형제들》에는 "지옥이란 더 이상 아무도 사랑할 수 없는 고통이다"라는 구절이 나온다. 이 말은 결국 지옥에서 벗어날 수 있는 유일한 대안은 오직 사랑이요, 지옥으로 떨어지지 않는 유일한 길도 오로지 사랑이라는 것 아닌가? 사랑을 할 수 있는 공간은 지옥은 아니니까. 미국 작가 찰스 부코스키는 "사랑은 지옥에서 온 개"라고 했는데, 우리는 왜 이 '미친개'에게 물리지 못해 안달일까? 우리는 어쩌면 태어날 때부터 '사랑의 광견병'에 걸렸는지도 모른다. 여러 이유로 아직 사랑을 하지 못하는 여행자는 귀국 즉시 사랑하라, 또 사랑하라. 지옥으로 떨어지는 것이 무섭지 않은가? 나는 이번 러시아 여행에서 시베리아 벌판에 있는 자작나무라도 으스러지도록 끌어안고 찐한 사랑을 해볼 참이다. 누군가를 사랑하기만 해도 지옥으로 떨어지지 않는다는 사실을 깨달은 것은 이번 여행 최고의 발견이다. 열녀문이니 뭐니 하는 그 케케

묵은 유교는 좀 빠져줄래? 꼭 사람하고 사랑할 필요도 없으니 집으로 가는 골목길의 전봇대라도 끌어안고 전봇대의 숨결을 느낄 수 있는 진짜 사랑을 한번 해보자.

1층 전시관에는 도스토옙스키가 사랑하는 시인 푸시킨의 동상 제막식에서 한 연설문이 있고, 2층 서재에는《카라마조프가의 형제들》을 탈고한 책상이 있다. 그 옆으로 8시 38분을 가리키며 멈춰선 시계가 있는데, 그가 사망한 1881년 1월 28일 오후 8시 38분을 가리킨다. 그는 거실에서 자신의 죽음을 순순히 받아들였다. 아이들을 침대 곁으로 오게 한 뒤 성경의 '돌아온 탕자' 이야기를 읽게 한 뒤 유언을 남겼다. "주님께 용서를 구하면 그분은 돌아온 탕자를 보고 기뻐한 것처럼 너희들의 회개를 기뻐하실 것이다." 평소 그다운 소박하고 겸손한 유언이었다. 그는 "행복은 고통을 통해 온다"라고 했는데, 평생 가난에 시달린 자신의 삶에 대한 고백이자 고해성사였던 셈이다. 그의 작품에 가난에 찌든 19세기 러시아 민중의 삶이 고스란히 녹아 있는 것은 결코 우연이 아니다. 도스토옙스키는 상트페테르부르크의 뒷골목이 만든 작가였다.

도스토옙스키는 톨스토이, 투르게네프와 더불어 러시아 3대 문호다. 문학애호가라면 하루를 통째로 도스토옙스키의 길을 따라가는 데 투자해도 아깝지 않을 것이다. 도스토옙스키와 상트페테르부르크는 떼려야 뗄 수 없는 관계다. 제임스 조이스와 더블린, 카프카와 프라하, 보들레르와 파리, 오르한 파묵과 이스탄불, 루쉰과 베이징, 이상과 경성처럼. 도시는 작가를 낳고, 작가는 도시를 살찌운다. 아일랜드 더블린에서는 조이스의 《율리시스》의 시간적 배경인 6월 16일을 '블룸스 데이'로 정해 소설의 무대를 찾아다니는 문학 기행 행사를 한다. 상트페테르부르크에서도 '도스토옙스키 데이'를 정해 문학 기행을 해볼 만하다.

마린스키 극장과 안나 파블로바

상트페테르부르크에서 미술과 종교, 문학을 둘러봤다면, 이제 발레를 보러 갈 차례다. 나는 마린스키 극장으로 향했다. 마린스키 극장은 테아트랄나야 광장(극장 광장)에 있다. 극장 광장은 마린스키 극장과 림스키코르사코프 음악원, 림스키코르사코프 동상, 글린카 동상 등이 있는 공연 예술의 중심지다. 민트색의 마린스키 극장 앞에 서니 벌써 백조들이 춤추는 장면이 떠오른다. 1877년 모스크바 볼쇼이 극장에서의 초연에 실패했던 차이콥스키의 〈백조의 호수〉가 1895년 화려하게 부활한 곳이 이곳 마린스키다. 극장 정문에는 9월 말 시작되는 마린스키 발레단의 '234번째 시즌'을 홍보하는 간판이 걸려 있었다. 234시즌이라니. 마린스키 극

마린스키 극장

장은 1860년 건립되었지만, 마린스키 발레단은 그보다 훨씬 앞선 1783년 창단했다. 마린스키 발레단이 창단 이후 한 번도 빠지지 않고 234년 동안 꾸준히 공연해왔음을 극장 간판이 말해준다. 학교 다닐 때 1년 개근상도 받기 쉽지 않은데, 마린스키는 234년 개근을 하고 있으니 그 끈기와 인내심이 놀랍다. 고등학교 때 국어 선생님은 수업 시작 전 항상 "연습이 대가를 낳는다"라고 말씀하셨는데, 마린스키 극장의 간판을 보니 그 말이 왜 그리 와 닿던지.

그러나 마린스키 극장의 문은 굳게 닫혀 있었다. 방문 시기를 잘못 잡았다. 마린스키 발레단은 매년 9월 말 공연을 시작해 다음 해 7월 말 정기 시즌이 끝나고, 8월은 여름 휴가를 가거나 해외 투어를 나간다. 그렇다고 극장 자체가 완전히 문을 닫는 것은 아니다. 다른 발레단이 8월 한 달 동안 극장을 빌려 〈백조의 호수〉나 〈호두까기 인형〉 등 일반 대중에게 친숙한 공연을 한다. 여름은 해외 관광객이 많이 찾는 성수기이기 때문이다. 가는 날이 장날이라고, 내가 갔을 때는 아무런 공연이 없는 날이었다.

발레의 나라 러시아에서 마린스키 극장은 1776년 세워진 모스크바의 볼쇼이 극장과 쌍벽을 이룬다. 두 도시의 기풍을 반영하듯 상트페테르부르크의 마린스키 발레가 유럽적인 세련성을 특징으로 한다면, 모스크바의 볼쇼이 발레는 민족적 색채가 강한 드라마틱한 작풍을 추구한다. 이처럼 상트페테르부르크는 모스크바와 뚜렷이 대비되는 도시다. 상트페테르부르크가 꾸미기 좋아하는 섬세한 느낌의 도시라면 모스크바는 하늘로 치솟는 건물이 즐비한 투박한 느낌의 도시다. 도시의 풍경뿐 아니라 사람들의 의식도 상트페테르부르크가 자본주의 도시라면, 모스크바는 사회주의 도시다. 상트페테르부르크는 유럽적 보편성에 발을 딛고 있다면, 모스크바는 러시아의 전통적 민족성에 뿌리를 두고 있으니 모든 점에서 뚜렷이 차이가 난다. 상트페테르부르크가 문화 수도라면, 모스크바는 정치 수도다. 이외에도 상트페테르부르크와 모스크바에는 서로 비교되는 건물들이 끝이 없다. 마린스키 극장과 볼쇼이 극장, 겨울 궁전과 크렘린 궁전, 에르미타시 박물관과 트레차코프 미술관, 림스키코르사코프 음악원과 차이콥스키 음악원, 알렉산드르 넵스키 수도원과 노보데비치 수도원, 피의 사원과 성 바실리 성당, 성 이사크 성당과 구세주 그리스도 성당….

마린스키 하면 떠오르는 인물은 뭐니 뭐니 해도 러시아 발레의 전설 안나 파블로바. 역사상 가장 위대한 발레리나로 추앙받는 파블로바는 1905년 이곳에서 '빈사의 백조'를 연기했다. 파블로바가 일제강점기였던 1923년에 서울에서 공연했다는 사실을 아는가? 당시 그녀의 경성 공연은 조선의 3·1 운동에 놀란 일제가 1920년대에 펼쳤던 기만적 문화통치의 일환이지 않았을까?

옛 마린스키 극장 뒤로는 새 마린스키 극장이 있는데, 그 사이에는 크류코프 운하가 흐른다. 구관을 둘러보고 신관으로 가는데, 크류코프 운하를 따라 관광객을 태운 페리가 지나갔다. 옛 마린스키 극장 건너편에는 국립 상트페테르부르크 림스키코르사코프 음악원이 있다. 공사를 하는지 건물 외벽을 가림막으로 막고 있었는데, 음악원 앞에는 무릎 위에 펼친 악보를 바라보는 림스키코르사코프 동상이 있고, 그 옆 극장 공원에는 러시아 음악의 아버지 미하일 글린카 동상이 있다. 관현악 모음곡 〈셰에라자드〉와 〈왕벌의 비행〉으로 유명한 림스키코르사코프는 이 음악원의 교수였다. 차이콥스키는 이 음악원의 1회 졸업생이며, 쇼스타코비치와 라흐마니노프, 프로코피예프도 이곳을 다녔다. 러시아 전통음악을 강조한 '국민음악파 5인조'였던 림스키코르사코프는 1905년 '피의 일요일' 사건 이후 사회 개혁을 요구하는 학생들 편에 섰다는 이유로 교수직에서 쫓겨났다. 그는 학생을 보호하기 위해 기꺼이 권력에 저항한 스승이었다. 그래서 그의 동상이 음악원 앞에 스승의 표상으로 떳떳하게 서 있는지도 모른다.

예술가의 무덤, 알렉산드르 넵스키 수도원

상트페테르부르크에는 이들 말고도 만나야 할 예술가들이 많다. 고려인 3세인 전설적 록 가수 빅토르 최도 그중 한 명이다. 그가 '키노'라는 록그룹을 만들어 연주했던 지하 공연장 캄차트카는 페트로그라츠키섬에 있고, 그의 무덤은 칼리닌스키 지구의 피스카레프스키 묘지에 있다. 소련 몰락 전후 상트페테르부르크에서 주로 활동했던 빅토르 최는 "내가 사랑한 것은 레닌그라드의 달과 별이요, 나는 모스크바를 싫어한다"라고 했다. 자유가 없는 공산주의의 상징인 모스크바가 싫었던 모양이다.

고골이 살았던 그리보에도바 운하 69번지, 투르게네프가 살았고 톨스토이도 잠시 머물렀던 폰탄카 제방 38번지는 지금 호텔로 사용한다. 블라디미르 나보코프도 잊지 말자. 나보코프가 러시아 출신이라는 게 상상이 가는가? 소설 《롤리타》를 읽으면, 이 언어의 마술사가 도깨비방망이처럼 휘두르는 언어의 유희에 빨려 들어가지 않을 수 없다. 귀족 정치인 집안의 아버지를 둔 나보코프는 1917년 볼셰비키 혁명이 일어나자 미국으로 망명해 그동안 러시아에서 잊힌 인물이었다. 그가 태어난 볼샤야 모르스카야 거리 47번지 저택은 1998년부터 나보코프 박물관으로 바뀌었다. 나보코프의 부활은 소련의 몰락을 보여주는 또 하나의 사례다.

상트페테르부르크의 유명 인사들을 한 번에 만날 수 있는 곳이 있다. 삶에서 결코 피해갈 수 없는 장소다. 모스크바 기차역을 지나 넵스키 대로의 끝자락에 있는 알렉산드르 넵스키 수도원 묘지. 이곳에는 도스토옙스키, 차이콥스키, 무소륵스키, 림스키코르사코프, 보로딘, 글린카, 카람진 등이 묻혀 있다. 누구나 한 번 태어나고 한 번 죽는다는 것을 무덤만큼 잘 보여주는 곳도 없다. 무덤이야말로 평등이 최고의 가치임을 실증적으로 보여주는 사회주의 세상 그 자체다. 우리는 평등한 저승 사회주의 무덤이 있어 불평등한 이승 자본주의 세상을 꾹 참고 지내는지도 모른다.

무덤 하면 누구나 "우물쭈물하다가 내 이럴 줄 알았다"라는 조지 버나드 쇼의 묘비명을 떠올릴 것이다. 그러나 내가 가장 좋아하는 묘비명은 찰스 부코스키의 "아등바등하지 마라Don't try"이다. 여행하면서 모든 명소를 다 보려고 너무 아등바등 애쓰지 말자. 명소 몇 군데 못 봤다고 세상 뭐 달라지는 것 있나. 〈먹고 기도하고 사랑하라〉라는 영화도 있지 않은가? 러시아 여행에서는 흑빵 초르니 흘렙도 맛있게 먹어보고, 보드카도 즐겁게 마시고, 시베리아 샤먼을 만나 진지하게 기도하고, 자작나무와 찐하게 사랑도 해보자. 즐겁게 러시아를 여행하기 위한 4대 원칙은 '먹고 마시고 기도하고 사랑하라'이다. 나의 이번 러시아 여행도 초지일관 이 4대 원칙에 따라 이뤄졌다.

푸시킨과 문학 카페

벌써 하루가 다 지나갔다. 러시아의 국민 시인 푸시킨을 만나러 문학 카페로 갔다. 문학 카페는 푸시킨의 단골 카페일 뿐 아니라 그가 죽기 전 마지막으로 들렀던 장소다. 마린스키 극장에서 모이카 운하를 따라 문학 카페로 가는 길에 노란색의 유수포프 궁전이 보였다. 니콜라이 2세 당시 국정을 농단했던 요승 그리고리 라스푸틴이 1916년 살해된 장소다. 각종 괴이한 소문이 무성한 '러시아의 신돈' 라스푸틴은 로마노프 왕조 몰락의 한 원인이다. 내가 러시아 여행을 다녀온 뒤 2017년 탄핵으로 대통령직에서 쫓겨난 수감번호 503호의 뒤에도 '한국판 라스푸틴'이 있다고 난리가 아니었다. 라스푸틴에 대한 이야기는 사실과 풍문이 뒤섞여 어느 것이 역사적 사실인지 구분하기 어렵고, 그 이야기도 '거시기'와 관련된 19금 수준이 많아 청소년이 볼 수 있는 '품격 있는' 여행기에는 부적절하다고 판단해 건너뛰기로 했으니 독자 여러분께서 이해해주시기 바란다.

문학 카페는 모이카 운하가 보이는 넵스키 대로 18번지에 있다. 카페 외벽에 푸시킨의 초상화가 그려져 있어 멀리서도 한눈에 확 뜨였다. 죽은 푸시킨이 카페 홍보대사 역할을 톡톡히 하고 있었다. 1812년 처음 문을 열었다는 문구가 있으니 200년이 넘은 오래된 카페다. 문학 카페가 문을 연 1812년은 나폴레옹이 러시아 원정에서 쓰라린 패배의 맛을 본 시기다. 당시 파리까지 진출했던 러시아 젊은 장교들은 자유 사상뿐 아니라 커피를 마시는 카페 문화도 러시아로 들여왔다. 파리 시민들이 카페에 모여 커피를 마시며 토론하는 모습을 본 러시아 장교들은 홍차에 젖어 있던 상트페테르부르크와 모스크바에 본격적인 카페 문화를 퍼뜨렸다. 우리나라에 커피를 본격적으로 소개한 나라도 러시아다. 고종이 처음 커피 맛을 본 것은 1896년 아관파천 당시 러시아 공사관에서였으며, 러시아 초대 공사 베베르의 처형 손탁이 세운 손탁호텔은 한국 최초의 커피숍을 개설해 커피의 대중화에 기여했다. 한국과 러시아는 이렇게 커피를 통해서도 연결된다. 뒤늦게나마 '노서아 가비'(러시아 커피)에게 한러 우호 훈장을 수여하노라.

문학 카페 안으로 들어갔다. 1층 창가에 푸시킨의 밀랍인형이 테이블을 앞에 두고 심각한 표정으로 앉아 있다. 피부가 검은 푸시킨의 외모는 한눈에 봐도 전형적인 슬라브족은 아닌데, 그의 외조부가 에티오피아 흑인 출신이다. 1837년 1월 27일 푸시킨은 바로 이 자리에 밀랍인형처럼 앉아 있었다. 레모네이드를 시켜놓은 테이블 위에는 종이가 놓여 있고, 뭔가를 쓰려는지 오른손에는 펜을 들고 있다. 부인 나탈리아와 염문을 뿌린 프랑스 출신 근위대 장교 당테스와의 결투 장소로 떠나기 직전의 모습이다.

"아내에게 배반당한 남자가 된 것을 축하하는…." 이렇게 시작하는 익명의 편지를 받고 모욕감을 느낀 푸시킨은 당테스에게 결투를 신청했다. 익명의 편지를 보낸 인물은 당테스였으니 그의 의도적 도발에 순진한 푸시킨이 넘어갔다. 오쟁이 진 남자라는 조롱을 당한 푸시킨의 복잡하고 착잡한 감정이 밀랍인형의 얼굴에 어두운 그림자로 남아 있다. 유리잔에는 레모네이드가 반쯤 남아 있는데, 아마도 결투에서 살아 돌아와 남은 잔을 다시 마시리라 기대했을 터. 그러나 결투 장소인 시 외곽 초르나야 레치

문학 카페의 푸시킨 밀랍인형

카 숲으로 간 푸시킨은 결국 카페로 다시 돌아오지 못했다. 당테스의 총에 맞고 이튿날 서른여덟의 나이로 세상을 떠났다. 애초 시인이 군인을 상대로 총싸움을 한다는 것은 플라이급 복싱 선수가 헤비급 선수와 맞붙는 가당찮은 일이었다. 푸시킨은 남서쪽 400킬로미터 떨어진 프스코프 지역의 스비아토고르스키 수도원에 묻혔는데, 외가 영지의 어머니 무덤 옆이다. 우리는 모두 어머니에게서 나왔으니 죽어서도 어머니 품만큼 편안한 곳은 없을 테다. 총에 맞고 집으로 돌아온 푸시킨이 마지막 숨을 거둔 곳은 모이카 제방 12번지, 푸시킨 박물관이다.

푸시킨의 최후는 낭만이라고 하기에는 너무 비극적이고 현실이라고 하기에는 너무 소설적이다. 아무리 "삶이 그대를 속일지라도 슬퍼하거나 노하지 말라"던 푸시킨이었지만, 결투를 벌인 당테스는 자신의 부인 나탈리아의 언니와 결혼한 동서였으니 그리스·로마 신화에나 나올 법한 이야기가 아닌가? 오르페우스의 죽음 정도가 그 비극성에서 비교될까? "슬픔의 날을 참고 견디면 기쁨의 날이 오리라"던 푸시킨에게 기쁨의 날은 결코 오지 않았다. 푸시킨의 소설《예브게니 오네긴》에서 청년 지주 렌스키는 자기 부인과 춤을 추는 오네긴에게 질투를 느껴 결투를 신청했다 죽음을 맞이한다. 렌스키는 푸시킨 자신이었다. 차이콥스키는 자신의 죽음을 예감하고 비장한 분위기의 교향곡〈비창〉을 마지막 작품으로 남겼는데, 푸시킨은 자신의 운명을 예감하고 비극적 사랑의 결말을 그린 소설《예브게니 오네긴》을 남겼다.

문학 카페 2층 식당에서 저녁을 먹었다. 음식 맛은 가게의 명성을 따라주지 못했다. 전날 조지아 식당 마말리가에서 먹은 음식의 강한 여운 때문인지도 모른다. 카잔 성당 뒤편에 있는 마말리가의 양고기 샤슬릭, 하차푸리 피자, 옥수수죽, 채소 샐러드의 맛은 정말 끝내줬다. 푸시킨은 "조지아 음식들은 하나하나가 시와 같다"라며 극찬했는데, 이처럼 음식과 와인으로 유명한 조지아

조지아 식당 마말리가의 하차푸리 피자와 샐러드

땅에서 스탈린 같은 괴물이 태어난 이유가 도대체 무엇일까? 혹시 스탈린은 맛있다는 조지아 음식을 제대로 먹지 못하고 자란 것이 아닐까? 나는 문학 카페를 나오면서 넌지시 충고의 말을 남겼다. “식당은 맛으로 하는 것이지 간판으로 하는 것이 아니오.” 물론 식당 종업원들은 서빙 하느라 바빠 내 말을 듣는 이는 아무도 없었다.

넵스키 대로, 고골과의 시간 여행

어스름이 거리에 내려앉을 무렵 문학 카페에서 나왔다. 넵스키 대로는 퇴근 후 몰려든 멋쟁이들로 활기가 넘쳤다. 인도를 따라 걷다 보면 어깨를 부딪힐 정도로 인산인해다. 밤을 기다려온 인파, 사람 물결이다. 그 속에서 두 여인이 유난히 눈에 띄었다. 큰 키에 금발과 검은 머리의 여인이 고급 가방을 어깨에 메고 맵시 있게 걷고 있었다. 잘 차려입은 옷에 방금 미용실에서 다듬은 듯 가지런한 머리칼로 봐서 멋진 파티장에 가는 것이 분명했다. 고급 호텔 연회장에서 열리는 화려한 무도회에 가는 것일까, 아니면 네바강 변의 야외 파티에 가는 것일까? 멋진 밤을 기대하면서 그들 뒤를 따라갔다. 모이카 운하를 건너는 '녹색 다리' 젤로니 다리를 건넜다.

카잔 성당이 있는 그리보예도바 운하 다리를 건너기 직전에 왼쪽으로 말라야 코뉴센나야 거리가 나왔다. 그 골목길에는 독특한 인상의 동상이 있다. 긴 머리칼에 외투를 걸치고 왼쪽으로 비스듬히 고개를 돌린 사나이의 모습에는 고독이 덕지덕지 붙어 있었다. 지나가는 사람마다 모두 그 외로운 사나이를 쳐다본다. 나도 시선을 동상으로 돌렸다. 그때 쾅, 내 뒤통수를 망치로 세게 내리치는 사람이 있었다. "정신 차려 이 친구야!" 준엄한 경고를 내리는 사람은 다름 아닌 동상의 주인공, 고골이었다. 도스토옙스키

넵스키 대로

가 "우리 모두는 고골의 〈외투〉에서 나왔다"라고 말한 그 고골이다. 어이쿠, 큰일 날 뻔했다. 나는 정신을 차리고 다시 왔던 길로 되돌아갔다. 물론 내가 여기까지 온 것은 러시아 여인의 꽁무니를 따라오기만 한 것은 아니고, 저녁을 먹은 뒤 소화도 시킬 겸 도스토옙스키와 푸시킨, 고골, 나보코프, 차이콥스키, 무소륵스키, 림스키코르사코프, 글린카가 걸었던 넵스키 대로를 한번 걷고 싶었을 뿐이었다.

고골의 단편 〈넵스키 거리〉를 읽은 것은 천만다행이었다. 소설의 주인공인 화가 피스카로프와 친구 피로고프 중위는 나처럼 넵스키 거리를 산책하다 우연히 눈에 띈 아름다운 두 여인을 쫓아갔다. 피스카로프가 '순결한 천사'라며 따라간 검은 머리 여인은 놀랍게도 거리의 매춘부였다. 피로고프가 이상형 여인으로 생각해 뒤쫓아간 금발 여인은 유부녀여서 그 남편에게 죽도록 맞고 쫓겨났다. "결코 이 넵스키 거리를 믿지 마라. 모든 것이 기만이고 모든 것이 겉보기와는 다르다." 고골은 오래전에 넵스키 대로가 '영원한 거짓말쟁이'이니 속지 말라고 경고했다. 나는 순간 이국적인 도시의 야경에 취해 고골의 교훈을 깜빡했다. 길거리에서 고골의 동상을 만난 것은 천운이었다. 그렇지 않았더라면 나는 스토커처럼 미녀를 뒤쫓다 밤의 여인에게 몽땅 털리거나 그녀의 애인인 마피아 두목에게 붙잡혀 피멍이 들 정도로 얻어맞았을지도 모르니까.

어디나 밤은 여행자에게 가장 위험하다. 넵스키 대로는 더 말할 필요가 없다. 어둠이 거리에서 춤추기 시작하는 넵스키 대로는 반전에 반전을 거듭하는 환상 속의 도시다. 어느 도시든 낮에는 정숙한 얼굴을 하고 밤이 되면 퇴폐적 가면을 쓰고 변신한다. 이중성은 도시의 본질이고 원초적 본능이다.

돌과의 대화, 유람선 투어

나는 밤거리를 헤매는 대신 네바강을 구경하는 유람선을 탔다. 유람선 선착장은 여러 곳인데, 나는 문학 카페에서 가까운 모이카 운하 선착장으로 갔다. 선착장 뒤는 참모본부 건물 뒤통수고, 건너편은 켐핀스키 호텔이다.

유람선에 올랐다. 배는 모이카 운하를 따라 강 위쪽으로 나아갔다. 오른쪽으로 푸시킨 박물관이 보였다. 모이카 제방 12번지의 3층짜리 노란 아파트이다. 애초 이 집은 푸시킨의 친구이자 데카브리스트인 볼콘스키 공작의 저택이었는데, 볼콘스키는 톨스토이의 먼 인척으로 소설 《전쟁과 평화》의 모델이다. 1836년 10월 이사 온 푸시킨은 이곳에서 3개월 정도밖에 살지 못하고 여기서 마지막 숨을 거뒀다. 박물관에는 결투 당시 총에 맞은 피 묻은 양복 조끼와 침대, 권총, 나탈리아와 당테스의 염문을 알리는 익명의 투서가 그대로 남아 있다.

유람선은 골목길을 돌아가듯 구부러진 운하로 들어섰다. 피의 사원의 뒷모습이 보였다. 피의 사원은 어느 방향에서 보든 알록달록 아름답다. 그런데 유람선에서도 거미줄처럼 엉킨 전선이 시야를 가린다. 유람선은 마르스 광장과 미하일롭스키 정원, 여름 정원을 뒤로 밀어내며 네바강으로 들어섰다. 넓은 네바강이 펼쳐졌다. 네바강에는 어디서 몰려들었는지, 많은 유람선이 관광객을

네바강 유람선 투어

태우고 강물 위를 오가고 있었다.

내가 탄 유람선은 네바강 위쪽으로 물살을 거슬러 올라갔다. 리테이니 다리를 지나 스몰니 수도원이 있는 지역까지 닿았다. 스몰니 수도원 옆에 있는 스몰니 학원은 1917년 볼셰비키 혁명의 본부였다. 유람선은 방향을 돌려 다시 아래로 내려왔다. 내려올 때는 강 건너편으로 다가갔다. 네바강 양쪽의 풍경을 모두 구경하라는 서비스다. 칼리닌스키 지구의 레닌 광장과 핀란드 역이 선명히 보였다. 조금 내려오자 두 갈래로 갈라지는 네바강의 오른쪽 지류인 볼샤야 넵카강이 나왔다. 상트페테르부르크 호텔 옥상에는 삼성과 기아의 광고판이 우뚝 솟아 있고, 페트로그라츠키 지구에는 순양함 오로라호가 보였다. 자야치섬이 나타났다. 유람선을 타고 네바강을 둘러보니 표트르 대제가 자야치섬에 요새를 지은 이유를 알 것 같다. 자야치섬은 핀란드만으로 내려가는 대네바강과 소네바강이 갈리는 분기점으로, 거꾸로 보면 합류점이다. 네바강 상류로 올라오는 모든 선박을 한눈에 감시할 수 있는 최적의 요새다.

자야치섬 아래는 바실리옙스키섬이다. 유람선이 바실리옙스키섬과 겨울 궁전을 연결하는 궁전 다리 아래를 지났다. 궁전 다리는 리테이니 다리, 트로이츠키 다리 등과 함께 큰 배가 지나가도록 다리 중간 부분이 열리는 개폐교다. 이들 개폐교는 봄부터 가을까지 오전 1시부터 오전 5시 사이에 다리의 중간 부분이 하늘로 오르며 양쪽으로 열린다. 그 밑으로 큰 배가 지나가고, 당연히 차나 사람의 통행은 금지된다. 유람선이 인류학 박물관 쿤스트카메라를 지나자 러시아의 자랑 상트페테르부르크 대학이 나왔다. 투르게네프와 러시아 대통령 푸틴이 졸업했고, '조건반사'의 파블로프와 '발효유의 아버지' 메치니코프, 주기율표를 고안한 멘델레예프가 이곳의 교수였다.

최초의 석조 건물인 멘시코프 궁전을 지나자 일리야 레핀이 교수로 있던 러시아 미술 아카데미가 나타났다. 그 앞 부둣가에는 생뚱맞게도 이집트 스핑크스상이 서 있다. 네바강의 스핑크스는 1832년에 사들인 3,500년이나 된 진짜 이집트 유물이다. 이집트 피라미드를 지키던 스핑크스가 멀리 러시아까지 와서 네바강을 지키느라 고생한다. 맞은편 강변으로는 예르미타시 박물관과 황금색 첨탑이 빛나는 해군성, 원로원 광장, 표트르 대제의 청동기마상, 헌법재판소 건물이 자신들도 역사의 한 자락이라며 네바강 쪽으로 얼굴을 쭉 내밀고 있었다.

네바강을 떠난 유람선은 다시 모이카 운하로 들어갔다. 마린스키 극장 옆 '키스 다리'라는 포첼루예프 다리를 지나는데, 정말로 젊은 연인들이 다정하게 키스하면서 사랑을 확인하고 있었다. 외국의 연인들은 어쩌면 키스도 저렇게 달콤하게 하는지 모르겠다. 우리나라도 윤리 과목에 '이것 하지 마라, 저것도 하지 마라'라고 'No'만 가르치지 말고, '키스는 달콤하게 하라, 사랑은 짜릿하게 하라'라고 'Yes'도 가르치면 뭐 덧나나? '푸른 다리'라는 시니 다리와 '붉은 다리'라는 크라스니 다리를 거쳐 유람선은 처음 출발했던 선착장으로 돌아왔다. 유람선 투어는 지난 이틀간 보았던 장소에 대한 복습이자 미처 보지 못한 장소를 멀리서나마 볼 수 있는 보충학습이었다.

유람선을 타고 돌아보니 상트페테르부르크는 정말 강과 운하로 된 물의 도시며 돌의 도시였다. 네바강과 운하의 제방은 물을 다스리기 위해 모두 돌로 만들었다. 당시 늪지대에 쌓을 돌이 부족하자 표트르 대제는 시내로 들어오는 사람들에게 통행세 명목으로 자신의 머리보다 큰 돌덩이 두 개를 거뒀다. 1839년 러시아를 여행한 프랑스의 마르키스 드 퀴스틴은 여행기 《차르의 제국》에서 이렇게 말했다. "상트페테르부르크에서 사람들은 침묵하고 돌이 말한다." 유람선 투어는 돌과의 대화 시간이었다.

혁명의 길

혁명의 시작, 데카브리스트 광장

상트페테르부르크는 도시 전체가 혁명의 길이다. 황제가 멋대로 다스리는 전제 정치에 대한 분노는 모든 러시아인의 마음속에 불타고 있었으니까. 그중 역사적으로 중요한 장소를 시대순으로 찾아갔다. 첫 번째로 찾아간 혁명 현장은 옛 해군성과 옛 원로원(헌법재판소) 사이에 있는 데카브리스트 광장(원로원 광장)이다. 대학 시절 읽었던 레오날드 샤피로의 《소련공산당사》는 "러시아 혁명 운동의 역사는 디셈브리스트(Decembrists, 데카브리스트)에 의해 시작되었다"라고 단언했다. 데카브리스트는 '12월에 혁명을 일으킨 사람들'이라는 뜻으로, 1825년 12월 차르의 전제 체제에 저

데카브리스트 광장의 표트르 대제 기마상

항해 러시아 최초로 근대적 혁명 운동을 일으킨 청년 귀족 장교들을 말한다.

데카브리스트 광장에는 정작 데카브리스트 동상은 보이지 않고, 그 유명한 표트르 대제의 청동기마상만이 우뚝 솟아 있었다. 1896년 민영환 사절단이 상트페테르부르크 시내에 나가 처음으로 본 것이 이 기마상이다. 청동기마상 앞에는 갓 결혼한 신혼부부들이 세상의 모든 행복을 안은 듯 활짝 웃으며 기념사진을 찍고 있었다. 이곳은 한때 펄펄 끓어오르던 혁명의 분화구였다. 러시아 청년 장교 3,000여 명은 1825년 12월 14일 아침 청동기마상 앞으로 모여들었다. 그들이 외치는 소리가 들리는 듯했다. "농노 철폐! 전제 타도!" 차르 체제 타도를 외친 최초의 근대적 혁명 '데카브리스트 반란'의 시작이었다. 혁명에는 뿌리가 있다. 1812년 나폴레옹 전쟁 당시 프랑스 파리까지 진군했던 이들 청년 장교들은 시민 혁명을 통해 자유주의 사상을 만끽하고 있는 유럽 사회를 보고 큰 충격을 받았다. 러시아는 차르에 의한 전제 군주 체제와 농노라는 봉건 체제에 머물러 있었기 때문이다.

황제 근위대는 이들을 무자비하게 진압했다. 반란을 주도했던 페스텔 등 다섯 명은 사형당했고, 120여 명은 시베리아로 유배되었다. 시베리아로 유배된 장교 중에는 톨스토이의 먼 인척이 되는 세르게이 볼콘스키와 반란군 지도자였던 세르게이 트루베츠코이가 있다. 이들의 흔적은 이르쿠츠크에서 만날 수 있다. 데카브리스트 반란은 실패했지만, 차르 타도를 위한 기나긴 대장정의 시작을 알리는 신호탄이 되었다. 레닌은 뒷날 〈게르첸의 회상〉이라는 글에서 "데카브리스트들은 게르첸(러시아 사회주의의 아버지)을 각성시켰고, 게르첸은 혁명적 선동을 시작했으며, (그 이후의 러시아 혁명은) 이것이 차차 확대되고 강화되어 나간 것"이라고 했다.

'유럽으로 향하는 창'을 열고자 했던 청동기마상의 표트르 대제는 자신 앞에서 '유럽으로 향하는 사상'을 요구한 청년 장교들의 반란을 어떻게 바라봤을까? 표트르 대제의 청동기마상은 당장이라도 달려갈 듯이 하늘을 향해 앞발을 번쩍 들고 있다. 푸시킨은 이 기마상을 보고 "유럽으로 향하는 창을 열고, 저 바다를 향해 두 발을 굳게 딛도록 자연은 이곳을 우리에게 점지해줬다"라며 감탄했다. 청동기마상은 독일 출신으로 남편을 죽이고 왕위에 오른 예카테리나 2세가 1782년 만들었는데, 그녀는 표트르 대제의 후계자임을 과시해 자신의 부족한 정통성을 확보하려 했다. 그러고 보니 로마노프 왕조에서 '대제'의 호칭이 붙은 두 차르, 표트르 대제와 예카테리나 대제의 만남이다.

궁전 광장, '피의 일요일' 사건과 이사도라 덩컨

두 번째로 발길을 옮긴 곳은 넵스키 대로 건너편 겨울 궁전 앞 궁전 광장이다. 황제와 민중이 부딪힌 역사의 현장이다. 궁전 광장은 언제나 러시아 시위대의 마지막 종착지였다. 모든 권력을 쥔 차르가 이곳 겨울 궁전에 살았기 때문이다. 전날 광장을 가로질러 네바강 변의 에르미타시 박물관으로 발걸음을 옮기려는데, 누군가 내 발목을 잡아당기는 듯했다. 갑자기 군중의 함성이 들리는가 싶더니 천둥 치는 듯한 말발굽 소리와 함께 따다닥, 비 오듯

총성이 울렸다. 그리고 대지를 흔드는 신음이 들렸다. 뭉크의 〈절규〉가 떠오르는 공포의 아수라장이었다. 나는 가던 길을 멈추고 두 손으로 귀를 막고 광장 한복판에 그대로 멈춰섰다. '자네, 잠시 묵념하고 가지 않겠나?' 내 발목을 잡아당기는 것은 붉은 핏빛의 광장이었다. 이곳 궁전 광장은 1905년 '피의 일요일' 사건과 1917년 2월 혁명의 현장이다. 역사의 시간은 흘러갔어도 역사의 공간은 그대로 남아 여행자의 발걸음을 멈추게 한다.

1905년 1월 9일은 일요일이었다. 가폰 신부가 이끄는 상트페테르부르크 노동자와 그 가족 15만 명은 황제가 사는 겨울 궁전 앞 이곳 광장으로 몰려왔다. 인간다운 삶을 요구하는 평화적 시위였다. 탐욕스러운 자본가는 그렇다 치고 차르 니콜라이 2세만큼은 자신들 편이라고 철석같이 믿었다. 그는 입만 열면 "차르는 국가의 아버지이고, 국민은 차르의 자식"이라고 말해왔으니까. 그러나 그 믿음은 환상이었다. 황제의 친위대가 느닷없이 무차별 발포를 하면서 차르가 국민을 자식이 아니라 노예로 생각하고 있다는 사실이 드러났다. 궁전 광장은 순식간에 핏빛으로 물들었다. 그날 하루 상트페테르부르크에서 죽은 사람만 1,000여 명이 넘었다. 러시아 1차 혁명인 '피의 일요일' 사건이다.

피의 일요일 사건이 일어나고 이틀 뒤, 학살당한 노동자 장례식이 열렸다. 멀리 외국에서 온 한 여인이 상트페테르부르크를 방문했다가 새벽 길거리에서 우연히 장례 행렬을 보았다. 그녀는 당시 목격담을 자서전《나의 생애》(1927)에 이렇게 기록했다.

"내가 멀리서 본 광경은 기다란 행렬이었다. 음울하고 비탄에 젖은 사람들이 관을 메고 줄지어 지나가고 있었다. 겨울 궁전 앞에서 사살된 노동자들의 장례 행렬이라고 했다. 그들은 황제에게 그들의 고통을 하소연하고 처자식을 먹여 살릴 빵을 요구하러 갔을 뿐이었다. 나는 마부에게 마차를 멈추라고 했다. 이 슬프고도 끝없는 행렬이 지나가는 동안 내 얼굴 위로 눈물이 흘러내렸고, 그 눈물이 뺨 위에서 얼어붙었다. 새벽에 웬 장례란 말인가? 장례 때문에 또 한바탕 폭동이 날까 봐 그렇다고 했다. 내가 이 광경을 보지 않았더라면 나의 전 생애는 지금과 달랐을 것이다."

로자 룩셈부르크의 자서전이 아닐까? 아니다. 그렇다면 어느 이름 없는 여성 혁명가의 자서전일까? 아니다. 이 자서전의 주인공은 미국의 맨발의 무용가 이사도라 덩컨이다. 노동자 장례 행렬은 그녀의 운명을 바꿔놓았다. 그녀는 "그 끝없이 이어지는 행렬의 비극 앞에서 나는 인간을 위해, 압제당하는 사람들을 위해 내 몸과 힘을 바칠 것을 맹세"했다. 그녀는 공산주의에 매료됐고, 러시아 혁명 시인 예세닌과 사랑에 빠졌다. 그녀의 춤 자체가 어쩌면 혁명이고 사랑이었는지도 모른다.

'피의 일요일' 사건 20주년을 기념해 예이젠시테인이 1925년에 만든 영화가 유명한 〈전함 포템킨〉이다. 쇼스타코비치의 〈교향곡 11번〉은 '피의 일요일' 사건에 대한 음악적 헌사다. 노동자에 이어 1905년 5월 흑해 오데사에서는 전함 포템킨의 병사들이 반란을 일으켰다. 거대한 권력의 빙산이 밑에서부터 녹으며 무너지고 있었다. 권력에 취한 차르만 모르고 있었다.

민중은 광장에서 흘린 피를 잊지 않았다. 민중을 짓밟고 올라선 차르의 권력이 오래갈 리 없다. 그로부터 12년이 흘러 러시아 2차 혁명이 일어났다. 1917년 2월 혁명과 10월 혁명이다. 1905년 시작된 혁명의 잔물결이 1917년 커다란 파도가 되어 차르 체제를 쓸어버렸다. 1917년 2월 혁명은 여성들이 앞장섰다. 여성들은 '국제 여성의 날'인 1917년 2월 23일 "빵을 달라"며 넵스키 대로로 뛰쳐나갔고, 뒤이어 노동자와 병사 들이 합세하면서 철옹성 같던 차르 체제는 순식간에 와르르 무너졌다. 1917년의 조직화된 민중은 1905년의 모래알 대중이 아니었다. 1917년 2월 혁명 때 희생된 사람들의 무덤과 기념비가 있는 장소가 마르스 광장이다.

마침내 차르 체제는 역사의 뒤안길로 사라졌다. 공산주의 소련 당시에는 2월 혁명을 '2월 부르주아 민주주의 혁명', 10월 혁명을 '대 10월 사회주의 혁명'이라 불렀다. 2월 혁명의 주체는 노동자와 병사, 농민 등 '민중'이었고, 10월 혁명의 주체는 '볼셰비키 공산주의자'였다. 혁명 주체에 따른 두 혁명의 이름 못지않게 논란이 되는 것은 달력에 따른 명칭이다. 제정 러시아 당시 사용했던 율리우스력에 따르면 혁명이 일어난 시기는 1917년 2월 23일과 10월 24일인데, 지금 사용하는 그레고리력으로 계산하면 이게 3월 8일과 11월 6일이 된다. 음력과 양력의 차이처럼 달이 바뀌는 문제가 생긴다. 그러니 이름에도 혼란이 따른다. 어떤 이는 '2월 혁명'이라 부르고 다른 이는 '3월 혁명'이라 부른다. '10월 혁명'도 어떤 이는 '11월 혁명'이라 부른다.

안 그래도 궁금하던 차였다. 러시아인에게 직접 물어볼 기회가 왔는데 놓칠 내가 아니다. 전날 비행기에서 내 옆 좌석에 앉은 나타샤에게 물어봤다. 그녀의 답변은 명쾌했다.

"역사적 사건이 일어났던 당시 기준으로 불러야죠. 러시아 학교에서는 2월 혁명, 10월 혁명으로 가르쳐요."

역시 똑똑한 나타샤였다. 나는 인천공항에서 상트페테르부르크로 오는 열 시간의 비행 동안 나타샤로부터 러시아 역사에 대한 생생한 수업을 받았다. 그녀는 상트페테르부르크 최고의 명문대학을 나왔고, 무엇보다 공산주의가 무너진 뒤 그것도 아주 최근에 중·고등학교를 졸업했으니 살아 있는 지식 창고였다. 거기다

수업료가 공짜였으니 나로서는 땡 잡은 셈이었다.

핀란드 역, 레닌과 혁명의 판도라

세 번째로 찾아간 혁명의 길은 칼리닌스키 지구의 핀란드 역이다. 네바강의 리테이니 다리를 건너면 핀란드 역이 나온다. 1917년 2월 혁명으로 300여 년에 걸친 로마노프 왕조의 차르 체제는 무너졌지만, 새로운 체제가 온 것은 아니었다. 당시 러시아는 이탈리아 철학자 그람시가 말한 "진짜 위기란 낡은 것은 사라졌으나 새로운 것이 아직 나타나지 않은 상황"이었다. 1917년 4월 16일 한 혁명가가 망명지 스위스에서 출발해 열차를 타고 이곳 핀란드 역에 도착했다. '블라디미르 일리치 울리야노프'라는 긴 이름을 가진 이 혁명가가 바로 레닌이다. 스위스에서 독일을 지나 스웨덴, 핀란드를 거치는 3,200킬로미터에 달하는 8일간의 대장정이었다. 독일을 종단할 때는 독일제국이 제공한 봉인 열차를 탔는데, 당시 독일제국이 안전한 봉인 열차를 제공한 이유는 레닌이 독일에 대항하는 러시아의 제1차 세계대전 참전을 반대했기 때문이었다. 레닌은 혁명에 성공하자 독일의 기대대로 1918년 독소 강화조약을 맺고 제1차 세계대전에서 철수했다. 세월이 흘러 제2차 세계대전 때는 독일의 히틀러가 러시아를 다시 침공하니, 국제무대는 정말 영원한 적도 영원한 우방도 없는 것일까?

레닌은 핀란드에서 다시 293호 열차로 갈아타고 이곳 기차역에 닿았다. 레닌이 당시 타고 온 핀란드의 293호 기관차는 지금 상트페테르부르크 핀란드 역의 개찰구를 지나 플랫폼에 보존되어 있다. 기념판에는 "1957년 핀란드 정부가 레닌의 여행을 기념하며 기증한 선물"이라는 설명이 붙어 있다. 레닌은 혁명 열차에서 내리자마자 대중 연설을 통해 러시아 혁명의 방향을 제시했다.

> "여러분은 전 세계 프롤레타리아 군대의 전위입니다. 머지않아 유럽 자본주의는 깡그리 무너질 것입니다. 러시아 혁명은 그 시작입니다. 전 세계의 사회주의 혁명 만세!"

러시아는 자유주의적 '부르주아 혁명'(2월 혁명)이 아니라 프롤레타리아 독재의 '사회주의 혁명'(10월 혁명)으로 나가야 한다는 선언이었다. '모든 권력을 소비에트(대표자회의)로!' 이것이 레닌의 '4월 테제'다. 10월 볼셰비키 혁명은 4월 테제에 따른 자연스러운 결과다.

핀란드 역 앞에는 아직도 오른손을 펼쳐 들고 러시아가 나아갈

방향을 제시하고 있는 레닌의 동상이 서 있다. 레닌이 1917년 핀란드 역에서 내려 장갑차에 올라 첫 대중 연설을 했던 그 자리다. 레닌 동상에는 "인민 여러분, 안녕하십니까?"라는 문구가 적혀 있는데, 인민은 모르겠지만 러시아 사회주의가 안녕하지 못한 것은 분명하다. 아직도 레닌에 희망을 거는 사람이라면, 망명하기 전 스물네 살의 청년 레닌이 혁명을 꿈꾸며 노동자 선동 팸플릿을 만들던 볼쇼이 카자치 9번지 '아파트 13' 박물관도 흥미로울 것이다.

레닌이 귀국한 뒤 한 달이 지난 1917년 5월에는 또 한 명의 혁명가가 상트페테르부르크로 돌아왔다. 오랫동안 유럽과 미국에서 망명 생활을 했던 트로츠키다. 그런데 레닌이나 트로츠키보다 한발 앞서 2월 혁명이 성공했다는 소식을 듣고 1917년 3월 기차로 쏜살같이 달려온 괴물이 있었다. 1913년부터 4년간 북극 예니세이강 변의 투루한스크로 유배를 갔던 '이오시프 주가시빌리'다. 레닌은 1905년 이오시프 주가시빌리에게 '강철 인간'이란 뜻의 스탈린이라는 이름을 붙여줬다. 레닌이 귀국할 당시 핀란드 국경까지 마중 나갔던 인물이 스탈린이다.

혁명, 오는 자와 떠나는 자

역사의 분수령에서 오는 자가 있으면 가는 자도 있기 마련. 10월 볼셰비키 혁명의 세 주역 레닌과 트로츠키, 스탈린이 러시아로 돌아왔지만, 나보코프와 스트라빈스키, 라흐마니노프는 러시아를 떠났다. 영국에 있던 안나 파블로바는 러시아로 돌아가지 않았고, 10월 혁명을 목격한 마르크 샤갈도 1922년 러시아를 떠났다. '그림으로 쓰는 시인'이었던 샤갈은 작가의 상상력을 사회주의 리얼리즘이라는 틀에 가두려는 것을 도저히 참을 수 없었다. 이진숙은 《러시아 미술사》에서 샤갈의 고민에 대해 "'왜 암소가 초록색이며 왜 말은 하늘로 날아오르는가'를 당국에 논리적으로 설명할 길도 없었다"라고 이야기한다.

혁명의 파도는 문학에 쓰나미를 몰고 왔다. 이현우는 《로쟈의 러시아 문학 강의 20세기》에서 "노동자의 계급 각성을 그린 최초의 노동자 소설 《어머니》의 고리키에서부터, 혁명에 회의적이었던 《닥터 지바고》의 파스테르나크, (소련 사회주의) 공식 문학의 문화 권력자이면서 《고요한 돈강》으로 노벨문학상까지 수상한 숄로호프, 모국은 물론 모국어를 떠나 이방의 언어로 작품을 써야 했던 《롤리타》의 작가 나보코프까지, 20세기를 살았던 러시아 작가 중 누구도 혁명의 물결을 비껴갈 수 없었다"라고 했다. 19세기 톨스토이와 도스토옙스키, 체호프 등으로 이어지는 러시아 문학의 황금기는 끝났다. 1991년 소련이 몰락한 뒤, 사회주의 시절 최고의 문학 작품으로 추앙받던 고리키의 《어머니》는 급격히 평가절하되었다. 문학과 이념의 관계를 되돌아보게 된다.

사람만 떠난 것이 아니었다. 세계적으로 유명한 '스미르노프 보드카'도 망명했다. 스미르노프는 원래 러시아의 유명한 양조장 가문인데, 1917년 혁명이 일어나자 그 후손들이 미국으로 망명하면서 보드카 제조법을 가져갔다. 미국의 스미르노프 보드카는 원조 러시아를 제치고 세계 보드카 시장을 석권했다. 혁명, 얻은 것은 무엇이고 잃은 것은 무엇인가?

혁명 성지 스몰니 학원

최고의 혁명 성지는 아무래도 네바강 변의 스몰니 학원이다. 다시 리테이니 다리를 건너 스몰니 학원으로 갔다. 흰색과 민트색이 어울리는 스몰니 수도원을 지나자 우거진 푸른 나무들 사이로 파스텔 톤의 노란색 건물이 보였다. 스몰니 학원이다. 건물 앞에 서 있는 레닌 동상이 아니라면 아무도 이 아름다운 건물이 피비린내 나는 혁명의 심장부였다는 사실을 떠올리지 못할 것이다. 스몰니 수도원 부속 건물인 스몰니 학원은 애초 귀족 소녀들의 기숙학교였다. 그러나 1917년 2월 혁명 이후 볼셰비키 혁명 본부와

스몰니 학원

볼셰비키 당중앙위원회가 자리하면서 졸지에 혁명의 중심지가 되었다. 지금은 상트페테르부르크 주지사 관저로 사용하고, 레닌이 아내와 함께 살았던 거처와 집무실은 레닌 박물관으로 보존하고 있다.

1917년 2월 혁명 이후 레닌과 트로츠키가 연합한 '다수파'라는 뜻의 볼셰비키가 부르주아와 '소수파' 멘셰비키가 연합한 2월 혁명 임시정부를 무너뜨리는 것은 시간문제였다. 적위대 사령관 트로츠키는 자신만만했다. "우리 앞에는 진정한 인민의 정부에게 자리를 양보하기 위해 역사가 빗자루로 쓸어내 주기를 기다리고 있는 가엾고 무력한 임시정부가 있다." 1917년 10월 24일 저녁, 레닌은 핀란드 역에서 스몰니 학원까지 걸어갔다. 그리고 최후의 공격 명령을 내렸다. 트로츠키는 《러시아 혁명사》에서 "레닌은 오랫동안 울려 퍼지는 박수갈채는 명백히 안중에도 없는 듯 여전히 기다리며 서 있었다"라고 했다. 온건파 케렌스키가 이끄는 임시정부는 볼셰비키의 무장봉기에 속수무책 무너졌다. 이를 알아챈 임시정부 총리 케렌스키는 이미 낮에 겨울 궁전을 빠져나가 여장을 한 뒤 미국으로 망명했고, 다른 지도부는 체포되어 페트로파블롭스크 요새 감옥에 투옥되었다가 대부분 처형되었다.

러시아에서 세계 최초의 사회주의 혁명이 일어날 것이라고는 아무도 예상하지 못했다. 마르크스와 엥겔스는 사회주의 혁명은 고도로 발달한 자본주의 사회 이후의 단계에서 일어날 일이지 농민이 인구의 77퍼센트에 달하는 러시아 같은 농업 국가에서 일어나리라고는 꿈에도 생각하지 못했다. 러시아에서 세계 최초의 사회주의 혁명이 성공한 이유가 뭘까? 볼셰비키가 대중의 열망을 정확히 포착했기 때문이다. 볼셰비키는 제1차 세계대전으로 고통받는 대중에게 '인민에게 평화, 농민에게 토지, 노동자에게 빵'을 선사하겠다고 약속했다. 대중의 입맛에 딱 맞는 맞춤형 '이상국가의 행복 처방전'이었다.

순양함 오로라

혁명의 발포, 순양함 오로라

레닌의 최후 공격 명령은 네바강에 있던 순양함 오로라(아브로라)호의 함포 사격으로 울려 퍼졌다. 1917년 10월 25일 밤 9시 40분, 오로라호는 블라고베센스키 다리 쪽으로 빠르게 올라오며 한 발의 함포 사격을 쏘아 올렸다. 함포 사격을 신호탄으로 페트로파블롭스크 요새에서 겨울 궁전을 향해 잇따라 발포하자 볼셰비키 적위대가 일제히 임시정부가 있는 겨울 궁전으로 돌격했다.

당시 혁명의 시작을 알린 오로라호는 네바강과 볼샤야 넵카강이 갈라지는 강물 위에 전시되어 있다. 오로라호를 이곳에 전시한 이유는 옆에 나히모프 해군학교가 있기 때문. 오로라호 뒤로는 우리나라 여행자의 눈길을 사로잡는, 상트페테르부르크 호텔 옥상에 툭 튀어나온 삼성과 기아의 광고판이 있다. 오로라호를 방문했을 때 군함 박물관 주변은 러시아 사람과 외국인 관광객으로 북적였다. 사람들은 오로라호 갑판에 올라 10월 혁명의 공격 명령을 알린 '혁명 함포'를 마치 강아지 머리 쓰다듬듯 두 손으로 어루만지고 있었다. 오로라호는 겉모습만 보면 1900년에 만든 함선이라고 믿기지 않을 정도로 현대식 함정과 크게 다르지 않은 위용을 뽐낸다. 오로라호는 파란만장한 러시아 역사의 산증인이다. 1905년 러일 전쟁 당시 일본 쓰시마 해협에서 일본 해군에 대패한 38척의 발트 함대 중 살아남은 세 척의 군함 중 하나다. 그 뒤 제1차 세계대전에 참전하고, 제2차 세계대전 때는 이곳 네바 강에 붙박여 독일 비행기를 향해 함포를 쏘며 활약했다. 그리고 1917년 10월 혁명의 공적을 인정받아 두 차례 '10월 혁명 훈장'을 받았다. 한때 패전의 상징이었던 오로라호는 혁명의 상징으로 다시 태어났다.

오로라호 갑판에 앉아 있던 하얀 비둘기 한 쌍이 갑자기 강변 제방 위로 내려왔다. 관광객은 아랑곳하지 않고 암수 비둘기는 꽁지를 치켜세우고 입술을 서로 쪼는 등 사랑싸움을 하기 시작했다. 누구라도 사랑을 하는 이들에게는 자리를 비켜주는 것이 예의다. 나는 비둘기의 사랑을 방해하고 싶지 않아 조용히 자리를 떴다.

'반동의 도시' 상트페테르부르크, '혁명의 도시' 모스크바

혁명은 한순간에 상트페테르부르크와 모스크바의 운명을 바꿔놓았다. 볼셰비키 혁명은 상트페테르부르크에 굴욕을 안겨주었다. 권력을 장악한 볼셰비키는 혁명 이듬해인 1918년 3월 모스크바로 수도를 옮겼다. 차르의 잔재라는 더러운 피가 섞인 상트페테르부르크는 혁명이라는 순결한 피를 상징하는 새로운 사회주의 국가의 수도에 어울리지 않았다. 상트페테르부르크는 하루아침에 '반동의 도시'로 전락하고, 모스크바는 '혁명의 도시'로 추앙받았다. 표트르 대제는 200여 년 전 폐쇄적 민족주의의 상징 모스크바를 극복의 대상으로 여겼는데, 볼셰비키는 차르의 낡은 봉건적 유산 상트페테르부르크를 청산의 대상으로 삼았다. 러시아의 중심은 상트페테르부르크의 겨울 궁전에서 모스크바의 크렘린으로 옮겨갔다.

도시의 영욕의 역사는 그 이름에 고스란히 남아 있다. 상트페테르부르크만큼 도시의 이름이 자주 바뀐 경우도 많지 않다.

1703년 도시를 건설한 표트르 대제가 처음 지은 이름은 유럽식의 '상트페테르부르크'. 그러나 독일과의 제1차 세계대전이 발발하자 '부르크'가 독일식 지명이라는 이유로 1914년 '페트로그라드'로 개명했고, 10년 뒤인 1924년에는 레닌을 기리며 '레닌그라드'로 불렸다. 소련 붕괴 후 1991년에 이르러서야 애초 이름인 '상트페테르부르크'로 다시 돌아올 수 있었다.

조선 독립의 길

비운의 외교관 이범진

상트페테르부르크가 조선에서 얼마나 먼데, 여기서 조선 독립운동의 길을 찾는단 말인가? 대한제국이 망하자 1911년 1월 상트페테르부르크에서 스스로 목숨을 끊은 조선의 외교관이 있었다. 헤이그 특사 삼인방 중 한 명인 이위종의 아버지이자 초대 러시아 공사인 이범진이다. 여행자의 마음을 날씨가 먼저 아는지, 이범진 공사의 무덤을 찾아가는 날에는 아침부터 부슬비가 내려 경건한 분위기를 자아냈다. 차량으로 시내에서 북서쪽으로 한 시간 정도 달리자 이범진이 묻혀 있는 '북방묘지'가 나타났다. 파르골로보 역 근처다. 묘지 8구역 입구에 이범진 공사 순국비가 서 있

북방묘지의 이범진 공사 순국비

다. 나라 잃은 망국의 한을 말해주듯 이범진은 죽어서도 이름 모를 러시아인들의 무덤 사이에서 묵묵히 비를 맞고 있었다.

구한말 나라의 운명이 풍전등화에 내몰리자 이범진은 러시아의 도움으로 일본의 주권 침탈을 막으려 몸부림쳤다. 19세기 말 조선 조정은 갑자기 바뀐 국제 정세에 어쩔 줄 몰라 쩔쩔맸다. 자신의 생명을 지켜줄 강대국을 좇아 이리 기웃 저리 기웃 눈치 보던 시절이었다. 그동안 큰형님으로 모시던 청나라는 1895년 청일 전쟁에서 일본에 맥없이 나가떨어졌고, 섬나라 '쪽발이'로 깔

보던 일본은 갑자기 시금치를 먹었는지 뽀빠이가 되었다. 조선은 어디로 붙을지 우왕좌왕 좌고우면에 빠졌다. 일본에 붙을까, 러시아에 붙을까, 아니면 미국에 붙을까? 일본은 조선을 꿀꺽 삼켜버리려 하니 믿을 수 없고, 미국은 도움의 손길을 뻗기에는 너무 멀리 있었다. 그때 한반도 땅을 노리지 않으면서 가까이 있는 형님으로 생각한 것이 러시아였다. 지푸라기라도 잡는 심정으로 '로스케 곰 형님'의 손을 덥석 잡았다.

러시아의 손을 잡은 사건이 우리가 잘 아는 '아관파천'이다. 1895년 8월 을미사변으로 명성황후가 시해되자 위협을 느낀 고종은 1896년 2월 경복궁을 떠나 러시아 공사관으로 아예 거처를 옮겼다. 당시 조선에서는 러시아를 '아라사俄羅斯'라고 불렀으니 '아관'은 러시아 공사관이다. 조선이 민영환을 특사 자격으로 러시아 황제 니콜라이 2세 대관식에 파견한 것도 아관파천 시기인 1896년 5월이다. 혹시 힘깨나 쓰는 '곰 형님'이 '골목 대장' 일본을 대신 손봐주지 않을까 하는 기대가 있었다. 당시 이범진은 이완용과 함께 아관파천을 주도한 친러파 핵심 인물이었다.

1900년 초대 러시아 공사로 부임한 이범진은 대한제국을 지키기 위해 러시아 조야를 백방으로 뛰어다녔다. 1905년 을사늑약으로 대한제국의 외교권을 빼어간 일제는 눈엣가시였던 주러 공사관을 폐쇄하고 이범진을 소환했다. 갈 곳을 잃은 이범진은 러시아 정부의 도움으로 상트페테르부르크에 남아 본격적으로 독립운동의 길에 뛰어들었다. 1907년 헤이그 특사의 후견인 역할을 하며 아들 이위종을 특사에 합류시켰고, 연해주의 항일독립운동을 지원했다. 그러나 1910년 8월 경술국치로 대한제국이 망하자 이범진은 1911년 1월 상트페테르부르크에서 권총으로 자결했다. 1905년 을사늑약에 반대해 순국한 조선 사절단 대표 민영환의 뒤를 따른 것이었다.

이범진 공사가 순국한 노바야 제레브냐 구역 체르노레첸스카야 거리 5번지 자택은 아파트단지 공원으로 변했다. 친러파의 두 거물 이범진과 이완용의 길은 이렇게 달랐다. 이범진의 친러는 애국의 발로였고, 이완용의 친러는 처세의 발로였다. 이범진이 죽어가면서 남긴 유언이 가슴을 울린다.

> "우리나라 대한제국은 망했습니다. 폐하는 모든 권력을 잃었습니다. 저는 적을 토벌할 수도, 복수할 수도 없는 이 상황에서 깊은 절망에 빠져 있습니다. 자결 외에 제가 할 수 있는 일이 없습니다. 오늘 목숨을 끊으렵니다."

강대국 사이에서 외교적 노력을 통해 나라를 살리려고 발버둥쳤던 약소국 외교관의 좌절감이 절절히 배어 있다. 당시 러시아 신문은 이범진의 순국을 '한국의 슬픈 역사의 비극적 결말'이라 보도했다. 이범진의 무덤은 1975년 묘역 정화 사업 때 연고자가 없다는 이유로 훼손돼 유해는커녕 묘지의 정확한 위치도 알 수 없다. 유해를 찾을 수 없으니 그를 한국으로 모셔올 수도 없다. 당시는 옛 소련 시절로 한국과 외교 관계를 맺기 전이었으니 냉전이 부른 또 다른 비극이다. 이범진 순국비는 묘지로 추정되는 구역의 초입에 2007년 세웠다. 낯선 키릴 문자의 비문과 얼굴도 확연히 다른 이국인들의 무덤 속에 이범진 공사를 그대로 남겨두고 다시 발길을 돌려야 했다. 하늘에서 갑자기 비가 억세게 쏟아지기 시작했다.

시내로 들어오면서 이범진 공사가 1901년부터 1905년까지 근무했던 초대 주러 대한제국 공사관을 찾았다. 초대 공사관은 페스텔랴 5번지, 모이카 운하와 폰탄카 운하가 만나는 지점의 다리 근처에 있다. 5층짜리 건물의 3층 5, 6호실이 초대 공사관이었는데, 1층 벽면에 2002년 한국 정부가 세운 기념 표지석이 한국어와 러시아어로 붙어 있다.

"이 건물에는 1901년부터 1905년까지 이범진 러시아 주재 대한제국 초대 상주공사가 집무하셨습니다."

이범진이 근무했던 페스텔랴 5번지 주러 대한제국 공사관 건물

초대 공사관 기념 표지석 앞에서 구한말 한 비운의 외교관을 생각했다. 갑자기 우리말이 들려 뒤돌아보니 한국 단체관광객들이 버스에서 내리고 있었다. 이 공사가 묻힌 북방묘지는 외곽에 있어 찾아가기 힘들지만, 시내 공사관 건물은 누구나 어렵지 않게 들를 수 있는 장소다. 매국노가 판치던 구한말, 그래도 양심을 지키려 했던 외교관이 있었으니 한국 역사가 부끄럽지 않다.

로스트랄 등대,
왁자지껄 러시아 결혼 뒤풀이

상트페테르부르크를 떠나기 전 시내 러시아 전통공예품 가게에 들렀다. 똑같은 모양이지만 크기가 다른 수많은 목각 인형이 들어 있는 마트료시카, 부활절 선물로 유명한 파베르제의 달걀 복제품, 러시아 백자 그젤, 이콘 공예품, 발레 그림 카드, 호박琥珀 목걸이 등 관광객을 상대로 다양한 공예품과 그림을 팔고 있었다. 눈 내린 상트페테르부르크의 겨울 풍경을 그린 작은 유화가 눈에 들어왔다. 하지만 오랜 기간 시베리아 횡단 열차를 타야 하는 여정이 남아 있어 결국 손에 들었던 그림을 내려놓았다. 굳이 물건을 사지 않아도 공예품 가게 구경은 짭짤한 공짜 눈요기다.

바실리옙스키섬의 로스트랄 등대

전통공예품 가게를 나와 궁전 다리를 건넜다. 바실리옙스키섬의 로스트랄 등대에 도착했다. 러시아의 해전 승리를 기념하기 위해 만든 등대로, 남쪽과 북쪽에 로스트랄 등대가 각각 하나씩 서로 마주 보고 있다. '로스트라'가 라틴어로 뱃머리를 뜻하니 '뱃머리 등대'다. 해전에서 승리하면 적국의 뱃머리를 떼어와 기둥 장식으로 사용한 로마 전통을 따라 등대 기둥에 뱃머리 모양의 조형물이 있다. 로스트랄 등대는 러시아 해군의 자랑이다. 러시아 4대 강인 네바강, 볼호프강, 볼가강, 드네프르강을 상징하는 대리석 조각상이 있는데, 남쪽 등대의 조각상은 네바강과 볼호프강, 북쪽 등대의 조각상은 볼가강과 드네프르강을 상징한다.

로스트랄 등대 옆 네바강 변으로 내려갔다. 신혼부부 두 쌍이 친구들에 둘러싸여 시끌벅적 사진을 찍고 있었다. 신혼부부가 카메라 앞에서 어색한 포즈를 취하자 옆에 있는 친구들이 "고리카"를 외친다. 고리카는 원래 '맛이 쓰다'라는 뜻인데, 쓴맛에서 벗어나려면 달콤한 키스가 필요하다는 역설적인 의미에서 신혼부부에게 키스를 재촉할 때 쓰는 말이다. 친구들의 응원에 힘입어 검은 예복의 신랑이 하얀 드레스를 입은 신부의 입술에 달콤한 키스를 퍼붓는다. 사진사는 이를 놓치지 않고 셔터를 누른다. 흡족한 표정의 신혼부부는 고급 리무진에 친구들을 태우고 떠난다. 러시아에서는 결혼식을 마친 신혼부부가 친구들과 시내 곳곳을 누비며 기념촬영을 하고, 저녁에는 식당이나 홀을 빌려 밤새 술판을 벌인다. 러시아의 결혼식은 왁자지껄 신나는 잔치판이다.

러시아는 소련 시절부터 내려오는 조혼 풍습으로 스무 살 무렵에 일찍 결혼하는데, 그래서인지 이혼율도 70퍼센트로 세계 최고다. 헤어질 때 헤어지더라도 결혼식만큼은 화끈하게 치르는 러시아인들의 결혼 풍습은 내장에 불이 붙더라도 75도 보드카 한잔을 화끈하게 한입에 털어 마시는 술 문화와 닮았다. 러시아에는 "전쟁에 나갈 때는 한 번 기도하고, 바다에 나갈 때는 두 번 기도하고, 결혼할 때는 세 번 기도하라"라는 멋진 속담이 있는데, 결혼할 때는 보드카에 취해 이 속담을 깜빡하는 것이 분명하다. 어떻든 러시아에서는 모든 것이 속전속결로, 원샷 하듯 결혼하고 초음속 미사일처럼 이혼한다.

신혼부부들이 떠난 네바강 변에는 거리의 악사들이 색소폰과 트롬본을 연주하고 있었다. 아름다운 아가씨는 원숭이처럼 얼굴이 납작한 긴점박이올빼미를 들고 나와 돈을 내고 올빼미와 기념사진을 찍으라고 유혹했다. 네바강은 오늘도 흐르고, 젊은 연인은 사랑을 속삭인다. '반동과 과거의 도시' 상트페테르부르크는 이제 '낭만과 역사의 도시'로 다시 화양연화를 맞고 있다. 스웨덴의 공격에도 무너지지 않았고, 대홍수에도 무너지지 않았고, 히틀러의 침략에도 무너지지 않았고, 공산주의의 압제에도 결코 무너지지 않았다.

바실리옙스키섬에서 넘실대는 네바강을 바라보았다. 황제의 길과 문화의 길, 혁명의 길, 조선 독립의 길이 네바강으로 모여들고 있었다. 상트페테르부르크는 네바강과 함께 그렇게 역사를 만들어가고 있다. 네바강을 뒤로한 채 나는 모스크바로 가기 위해 기차역으로 향했다.

고춧가루의 비밀 이야기 2

기차역으로 가는 버스에서 눈치를 보며, 혼자 있는 한국인 가이드 옆으로 슬금슬금 다가갔다. 가이드에게 잠시 귀 좀 빌려달라고 부탁한 뒤 귀엣말로 속삭였다.

"러시아 여자들이 평소에 고춧가루를 들고 다니나요?"

"네? 러시아 가이드 생활 20년 동안 그런 소리는 처음 듣는데요?"

가이드가 황당하다는 표정을 짓는 바람에 더 이상 물어볼 수도 없었다. 나는 민망한 표정으로 머리를 긁적이며 자리로 돌아왔다. 가이드는 고개를 가로젓고는 귀를 후비고 있었다. 질문이 하도 어이없어서 그러는지, 아니면 자신이 모르는 러시아 관습이 있나 궁금해서 그러는지 모를 아리송한 행동이었다.

3

'그 남자' 모스크바

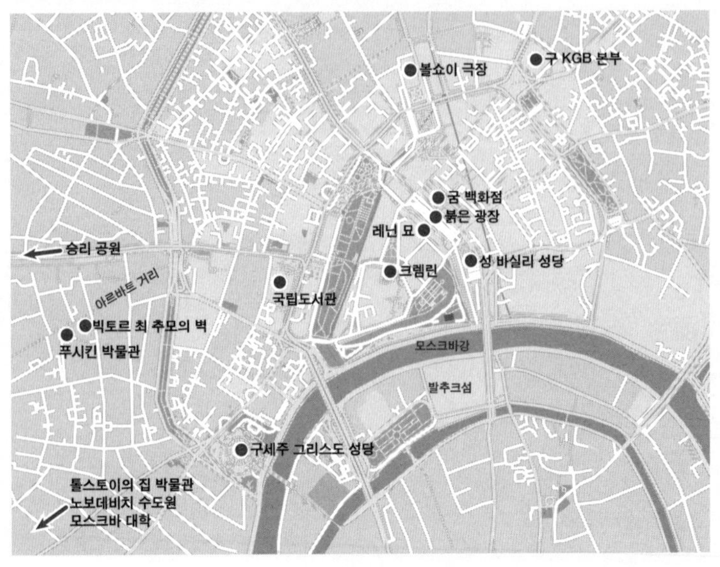

모스크바는 '나쁜 남자'였다. 무뚝뚝하고 퉁명스러운데, 왠지 나를 휘어잡듯 끌어당기는 묘한 매력을 풍기는 도시다. 소설 《향수》의 악마적 향기에 군중이 이끌려가듯 나는 모스크바가 내뿜는 마술적 냄새에 홀려 무시무시한 살인의 숲속으로 끌려갔다. 그런데 그곳은 마피아 소굴이 아니라 놀랍게도 칸딘스키가 그린 동화의 마을이었다. 황금색 왕궁과 알록달록 알사탕 성당이 나를 반겼다. 셰에라자드가 들려주는 수많은 사연과 이야기보따리가 모스크바의 비밀창고 속에 수북이 쌓여 있었다. 안나 카레니나와 《전쟁과 평화》의 나타샤가 그토록 찾아 헤매던 사랑도 그 속에 숨어 있었다.

모스크바 역은
상트페테르부르크에 있다

뱃머리 등대에서 상트페테르부르크 여행을 마친 나는 궁전 다리를 건너 넵스키 대로를 지나 모스크바 역에 도착했다. '모스크바 역'이라니? 아니, 아직 열차도 타지 않았는데 벌써 모스크바에 도착했다고? '상트페테르부르크 역'을 잘못 표기한 건 아닌가? 아니다. 모스크바로 가는 기차를 타는 역에는 분명히 '모스크바 역'이라는 간판이 걸려 있었다. 러시아의 기차역 이름은 우리나라와 달리 출발지가 아니라 종착지를 기준으로 한다. 모스크바 역은 모스크바에 있는 역이 아니라 상트페테르부르크에 있는 '모스크바행 기차역'이다. 상트페테르부르크에 있는 핀란드 역도 마찬가지로 '핀란드행 기차역'이라는 뜻이다. 경부

모스크바 역 광장에서 공연하는 비보이

선 출발역인 서울의 서울역은 부산역이고, 부산의 부산역은 거꾸로 서울역인 셈이다. 어찌 보면 자기가 가려는 도시의 기차역을 더 쉽게 찾을 수 있으니 승객 입장에서는 장점이기도 하다. 로마에 가면 로마법을 따르듯 러시아에서는 러시아 관행에 익숙해져야 한다.

날씨가 맑아서인지 모스크바 역 광장 곳곳에서 거리 공연이 펼쳐지고 있었다. 역시 러시아 젊은이들도 비보이 공연에 온통 정신이 팔려 있었다. 자유를 만끽하고 있는 이들 러시아 젊은이들을 역 앞 사거리 광장에서 흐뭇하게 내려다보고 있는 기념탑이 눈에 들어왔다. 꼭대기에 황금 별을 달고 우뚝 솟아 있는 기념탑은 제2차 세계대전 당시의 영웅적 행위를 기념하기 위한 높이 36미터의 '레닌그라드 영웅 도시 오벨리스크'다. 나는 가던 길을 잠시 멈추고, 화강암을 쌓아 만든 오벨리스크를 우러러보며 거수경례를 올렸다. 혹독한 추위와 참혹한 굶주림에 죽어가면서도 나치를 물리친 이름 없는 영혼들에 대한 경의의 표시였다. 한국 전쟁 당시 서울은 북한의 남침 3일 만에 함락되었는데, 레닌그라드는 무려 900여 일을 버티고 끝내 승리의 노래를 불렀다. 이방인의 느닷없는 경례에 기분이 좋아진 오벨리스크가 설핏 웃는 듯했다.

웃음 띤 오벨리스크의 배웅을 받으며 나는 역사 안으로 들어갔다. 역사 안에는 도시를 만든 표트르 대제의 흉상이 자신의 도시에 막 도착한 사람들을 반갑게 마중하고 있었다. 매표소 위에 재미난 광고판이 있다. 상트페테르부르크의 표트르 대제 청동기마상과 모스크바의 성 바실리 성당 사진 사이에 고속열차 삽산이 달리는 사진이다. 예전에는 두 도시를 표트르 대제조차도 말을 타고 달려야 했지만, 지금은 누구나 편리하고 안전한 삽산 열차로 빠르게 갈 수 있다는 내용 아닌가. 무뚝뚝한 러시아가 이제 이런 멋진 비유도 할 줄 알고 자본주의 광고의 맛을 제대로 알아가고 있다.

플랫폼에 도착하니 이미 승객들이 모스크바행 열차에 오르고

상트페테르부르크의 모스크바 역

있었다. 승무원은 휴대용 단말기를 들고 승객의 여권과 기차표를 일일이 확인한 뒤 탑승시켰다. 나는 승무원에게 기차표를 보여준 뒤 두 팔을 들어 수평 자세로 보안검색 자세를 취했다. 순간 당황한 승무원은 웃으며 두 팔은 내려도 좋다고 했다. 제복을 입은 승무원을 보자 공항의 보안요원이 떠올라 무의식적으로 두 팔이 올라갔나 보다. 다행히 신발은 벗지 않았으니 구겨진 내 체면의 밑바닥까지 드러내지는 않았다. 러시아 열차를 탈 때는 나처럼 바보짓 하지 말고 그냥 웃는 얼굴로 여권과 기차표만 보여주면 된다.

이등석 열차는 우리나라 고속열차 KTX와 같이 열차 진행의 순방향과 역방향 좌석이 따로 있었다. 내 좌석은 역방향이었다. 화장실은 비행기처럼 깔끔하고 세면대도 자동감지기로 작동했다. 러시아가 이런 멋진 열차를 만들다니! 그러면 그렇지, 객차와 객차 사이에 독일 고속철 이체ICE를 생산하는 지멘스Siemens 로고가 찍혀 있다. 독일 지멘스가 열차를 만들었으니 어련하겠는가.

좌석 공간은 KTX보다 넓고 편리했다. 승객의 안락한 여행을 위해 러시아 철도 회사가 이런 서비스를 제공한 것이라 생각했다면 오산이다. 철도 회사가 승객 편의를 위해 영업 손실을 감수할 리가 있나. 인간의 DNA는 이기적으로 진화하는 존재이지 결코 이타적으로 진화하는 테레사 수녀가 아니다. 러시아 철도는 궤도 사이의 폭이 우리나라를 비롯한 대부분 국가가 채택한 표준궤 1,435밀리미터보다 넓은 1,520밀리미터의 광궤다. 그 광궤에 맞추다 보니 삽산 열차의 객차와 좌석 폭이 늘어났고, 우리는 그만큼 편의를 더 누린다. 광궤는 건설비가 많이 들지만, 빨리 달릴 수 있고 좌석 폭이 넓으니 승객에게는 편리하다. 예전에 기차를 타고 광궤인 러시아와 몽골을 지나 표준궤인 중국 국경을 넘을 때, 열차 바퀴 차대를 통째로 바꿔 끼우는 대차작업으로 불편을 겪었던 일이 떠올랐다. 그때의 불편을 오늘 넓은 좌석 폭의 편리로 보답받는다고 생각하니 나도 모르게 쓴웃음이 나왔다.

안나 카레니나, 모스크바행 열차에 오르다

모스크바로 가는 열차는 오후 3시 10분 정시에 출발했다. 안나 카레니나가 모스크바로 가던 바로 그 철길이다. 며칠이었지만 정들었던 첫 여행지를 떠나며 작별인사를 했다. "안녕, 상트페테르부르크! 잘 있어, 페트로그라드! 굿바이, 레닌그라드! 다시 보자, 상트페테르부르크!"

톨스토이의 소설 《안나 카레니나》의 주인공 안나는 상트페테르부르크에서 열차를 타고 오빠가 사는 모스크바로 떠났다. 오빠가 바람을 피워 결혼생활이 파경에 이르자 이를 막기 위해 가는 길이었다. 그러나 정작 모스크바에는 그녀 자신의 가정 파탄이 기다리고 있었다. 이런 비극적 아이러니가 있을 줄 어떻게 알았겠는가? 그게 인생의 불가측성이고, 사랑의 양면성이다.

> "행복한 가정은 모두 모습이 비슷하고, 불행한 가정은 모두 제각각의 불행을 안고 있다."

《안나 카레니나》는 이렇게 시작한다. 행복은 비슷한 얼굴이고 불행은 제각각의 얼굴이라니. 사랑이 결핍된 안나의 결혼생활은 이미 깨지기 쉬운 유리알이었다. 차창 속에 안나의 얼굴이 떠올랐다. 핼쑥한 표정의 안나는 내게 사랑과 결혼이란 도대체 무엇이냐고 물었다. 나는 안나에게 당신이 추구한 행복과 삶은 무엇이냐고 되물었다. 철길은 언제나 사랑과 이별을 실어나르며, 삶과 죽음의 출발역과 종착역을 이어준다. 철길이 두 길인 것은 인생이 수레처럼 기쁨과 아픔의 두 바퀴로 달리기 때문이다.

안나만이 이 철길을 달린 것은 아니었다. 상트페테르부르크와 모스크바를 달리는 이 철길은 1851년 개통된 뒤 많은 사람이 오갔다. 니콜라이 2세의 대관식에 특사로 온 민영환은 1896년 6월 8일 이 철길을 통해 모스크바에서 상트페테르부르크로 왔고, 이범진은 공사로 부임한 1901년부터 수시로 두 도시를 오갔으며, 헤이그 특사 이상설과 이준은 이 철길을 따라 1907년 6월 4일 상트페테르부르크에 도착했다. 해방 후 월북 작가 이태준은 1946년 9월 25일 모스크바에서 열차를 타고 당시 레닌그라드로 들어왔고, 월북 학자 백남운은 당시 수상 김일성과 함께 1949년 3월 21일 이 철길을 이용해 모스크바에서 레닌그라드로 왔다. 12년 전 프랑스 선박의 주방보조로 취업해 조국을 떠났던 '응우엔 아이 쿠옥'이라는 베트남 젊은이는 혁명가가 되어 코민테른(국제공산당)에 근무하기 위해 1923년 7월 말 상트페테르부르크에서 모스크바로 향하는 기차에 올랐다. '첸 방'이란 이름의 비자를 갖고 있던 이 중국 상인 차림의 젊은이는 베트남 독립의 아버지 호찌민이다.

삽산 고속열차

상트페테르부르크에서 모스크바는 고속열차로 반나절 거리다. 두 도시의 거리는 예나 지금이나 700여 킬로미터지만, 최고 시속 250킬로미터를 자랑하는 삽산 고속열차는 네 시간 만에 주파한다. '삽산'은 러시아어로 매인데, 고속열차 이름으로 얼마나 멋진가? 실제 삽산 열차의 앞대가리는 매의 부리를 연상케 하는 날렵한 모양새다. 상트페테르부르크에서 핀란드로 가는 핀란드 고속철의 이름은 '알레그로'다. '빠르고 경쾌하게 연주하라'는 뜻이니, 얼마나 리드미컬하고 음악적인가? 한편 우리나라 고속철 이름 'KTX Korea Train Express'는 어떤가? 참 촌스럽고 멋대가리 없다. 한국의 전통 이미지라고는 어디서도 찾아볼 수 없다. 우리의 날렵한 '송골매'는 어디에다 써먹으려고 하는가? 또 판소리와 창을 부를 때 '매우 빠르게 휘몰아 가는' 가장 빠른 장단 '휘모리'는 얼마나 정감 있는가? 나는 서울과 부산을 오가는 '고속철 송골매', 서울과 목포를 오가는 '고속철 휘모리'를 타고 싶다. '한국고속열차'라는 뜻의 KTX는 러시아 삽산이나 핀란드 알레그로에 비하면 이름 축에도 못 낀다. 한국의 철도공사 관계자가 이 여행기를 읽으면 좋을 텐데.

삽산 고속열차가 언젠가 아시아 끝 블라디보스토크까지 달린다면, 모스크바에서 현재 6박 7일 걸리는 시베리아 횡단철도는 하루 반나절이면 충분하다. 나는 승무원이 주는 생수를 한 잔 마시고 창밖 풍경 감상에 빠졌다. 기차 밖 풍경은 특별한 인상을 주지 못했다. 높은 산은 보이지 않고, 넓은 평지와 숲의 연속이었다. 자작나무가 즐비하고, 가문비나무가 가물에 콩 나듯 한두 그루 불쑥불쑥 얼굴을 내밀었다. 자작나무를 보자 나도 모르게 입을 쩍쩍 벌리고 껌을 짝짝 씹는 시늉을 하고 있었다. 갑자기 자작나무로 만든 핀란드산 자일리톨 껌 광고가 떠올랐다. "자기야 그냥 자? 뭐 잊은 것 없어?" "뭐? 아, 자일리톨!" "휘바! 휘바!" 자일리톨은 충치 예방에 좋다고 하니 러시아에 가거든 반드시 자작나무 잎을 입에 가득 넣고 오디 먹듯 우물우물 씹어 먹을 일이다. 러시아는 자작나무 천지니 굳이 돈 내고 자일리톨 껌을 사 먹을 필요가 없다. 휘바! 휘바!(핀란드어로 '잘했어요'라는 뜻)

풍경이 지루해질 때쯤 무언가 내 뒷덜미를 당겼다. 상트페테르부르크에서 꼭 봐야 하는 장소를 빠뜨렸다. 로스트랄 등대 건너편에 있는 자연사(동물학) 박물관을 건너뛴 것이었다. 그곳에는 내가 꼭 만나고 싶었던, 1900년 시베리아 사하공화국 콜리마강 지류에서 발견한 베레조프카 매머드가 있다. 털이 많아 털북숭이 매머드라고도 불리는 이 동물은 빙하기가 끝나는 1만 년 전에 지구상에서 멸종했는데, 나는 오래전 《화석》이란 시공디스커버리 문고판의 표지에서 본 베레조프카 매머드 발굴 사진을 잊을 수가 없다. 최근 복제를 통해 멸종된 매머드를 되살린다는 뉴스로 화제가 된 시베리아 털북숭이매머드의 원조격이다. 인터넷에서는 이 자연사 박물관에 괴승 라스푸틴의 엄청난 '거시기'가 전시되어 있다고들 얘기하는데, 국립 자연사 박물관에서 할 일이 없어 그런 짓을 하겠는가? 자연사 박물관에서 그 거시기를 보겠다는 음흉한 생각일랑 아예 접으시라. 상업적 목적의 개인 '성 박물관'에서 '라스푸틴의 페니스'라는 이름으로 전시하고 있다고 하는데, 전문가들은 말이나 소의 생식기로 보고 있다.

삽산 열차는 러시아어뿐 아니라 영어로도 안내 방송을 했다.

영어의 복권은 놀라운 변화다. 열차 안에는 실시간으로 바깥 온도와 차량 속도를 보여주는 계기판이 있어서 특별히 할 일도 없고 해서 유심히 살펴보았다. 두 도시의 위도 차이로 인한 기온 차이가 뚜렷했다. 상트페테르부르크는 북위 60도이고 모스크바는 북위 55도인데, 기온은 출발지 섭씨 22도에서 도착지 26도로 4도 차이가 났다. 같은 시각 북위 37도인 서울은 무려 33도였다. 삽산 열차는 보통 시속 200킬로미터로 달리다가 시속 220킬로미터까지 속도를 올렸는데, 내가 못 본 사이에 속도를 더 올렸는지는 모르겠다.

열차 안 텔레비전 모니터에서는 시베리아 툰드라 지방의 순록 다큐멘터리를 상영했다. 잠시 다큐멘터리를 보다가 식당 칸에 가서 맥주 한 캔을 쭉 들이켰다. 발트해 근처에 왔으니 '발트해의 맥주'라는 뜻인 '발티카' 맥주를 마셨다. 시원한 시베리아 공기가 가슴 속으로 빨려 들어오는 것 같은 상쾌함을 느꼈다. 다시 좌석으로 돌아와 이어폰을 끼고 열차 오디오 6번 채널을 틀었다. 잔잔한 클래식 음악이 나왔다. 여행의 피곤함이 겹쳐서인지 내 귀로 들어온 클래식 음악이 달팽이관을 간질이는가 싶더니 바로 자장가로 변했다. 나는 깊은 잠에 빠져들었다. 꿈속에서 우당탕 쿵쾅, 이상한 이야기가 펼쳐졌는데 아무것도 기억나는 것이 없다. 《오즈의 마법사》의 도로시는 회오리바람을 타고 오즈로 갔고, 해리 포터는 빗자루를 타고 하늘을 나는데, 나는 클래식 음악을 타고 엉뚱한 나라를 갔다 왔다. 그러나 도통 그 나라가 생각나지 않았다. 이런 것을 옛 어른들은 개꿈이라 했다.

간이역 클린, 차이콥스키 박물관

모스크바에 다가갈수록 넓은 들판에 통나무로 지은 작은 집들이 길게 늘어서 있는 풍경을 볼 수 있다. 러시아식 별장인 '다차'다. 주말마다 작은 통나무집에 딸린 텃밭에 감자와 오이 등을 심고 가족끼리 휴식을 취하기도 하니 다차는 러시아인에게 별장이라기보다는 주말농장인 셈이다. 다차 문화는 19세기 제정 러시아 때부터 내려온 전통으로, 1970년대 말 옛 소련 정부가 일반 노동자들에게 도시 주변의 작은 땅을 무상으로 나눠주면서 도시인의 70퍼센트가 다차를 갖게 되었다. 다차는 러시아인들의 삶의 한 부분이다. 최소한의 자급자족을 할 수 있는 다차는 갑갑한 사회주의 체제에서 그나마 숨통을 틔우는 역할을 하지 않았을까?

'클린'이란 작은 역이 나타났다. 차이콥스키가 1892년부터 1893년 죽을 때까지 살았던 마을이다. 우랄산맥 서쪽의 보트킨스크에서 태어나 모스크바와 상트페테르부르크에서 활동한 차이콥스키는 생애 마지막을 이곳에서 보냈다. 주검은 상트페테르부르크 알렉산드르 넵스키 수도원에 묻혔다. 그가 살던 클린의 집은 차이콥스키 박물관이 되었다. 상트페테르부르크에서 그렇게 찾아도 없던 차이콥스키 박물관이 여기에 있다. 그의 마지막 작품인 〈교향곡 6번 비창〉은 이곳 클린에서 작곡했다. 고단한 인생을 뒤로하고 그는 갔지만 〈백조의 호수〉와 〈잠자는 숲속의 미녀〉 〈호두까기 인형〉은 발레 음악으로 볼쇼이와 마린스키 극장 무대에서 지금도 연주되고 있다. 정말 인생은 짧고 예술은 길다.

위대한 작곡가를 예우하는 차원에서 이곳에서 잠시 쉬어가거나 아니면 최소한 속도라도 줄일 줄 알았는데, 인정머리 없는 삽산은 먹잇감을 좇듯 쏜살같이 내달렸다. 심지어 경의를 표하는 경적조차 울리지 않았다. 삽산, 너는 왜 그리도 매몰찬 것이냐? 안 그래도 슬픈 선율의 〈비창〉이 클린 역을 지날 때 차이콥스키 자신의 레퀴엠처럼 들려오는 듯했다. 〈비창〉은 차이콥스키가 음악으로 남긴 유언이었다. 나는 구슬픈 〈비창〉을 들을 때마다 슬픈 안나 카레니나를 생각한다. 1997년 소피 마르소 주연의 영화 〈안나 카레니나〉는 차이콥스키의 〈비창〉으로 시작해 〈비창〉으로 끝난다. 우수에 젖은 음악의 비애가 안나 카레니나의 비극적 이야기를 더욱 슬프게 한다.

모스크바의 레닌그라드 역(가운데 시계탑 건물)

안나, 운명의 브론스키를 만나다

"다음 역은 모스크바입니다."

안내 방송이 종착지를 알렸다. 삽산은 정확히 오후 7시 모스크바의 레닌그라드 역에 도착했다. 안나 카레니나는 이 역에서 운명의 청년 브론스키를 만났다. 모스크바의 남자 브론스키는 첫눈에 반했고, 상트페테르부르크의 여자 안나도 불같은 사랑에 뛰어들었다. 저돌적 황소와 정열적 불나방의 만남은 차돌의 불꽃으로 튀었다. 안나에게는 '정숙하면서도 약동하는 살아 있는 활력'이 있었다.

"브론스키는 안나 카레니나의 얼굴에서 춤추고 있는 억제된 생기를 간파했다. 그것은 밝게 빛나는 눈과 붉은 입술에서 피어나는 엷은 미소 사이를 오가며 장난스럽게 헤엄치고 있었다. 마치 넘쳐나는 무엇인가가 온몸에 가득 차서 그녀의 의지와는 상관없이 눈빛이나 미소 속에 나타나고 있는 듯했다."

안나 역시 "따뜻해, 따뜻하다 못해 타는 듯이 뜨거워"라는 감정을 느낀 브론스키에게 "나는 마치 먹을 것을 받은 굶주린 사람 같아요"라고 고백할 정도로 열정과 용기가 있는 여인이었다. 《롤리타》의 나보코프가 "세계 문학사상 가장 매력적인 여주인공의 하나"라고 극찬한 안나의 얼굴이 떠오르는가? 그런데 왜 하필 안나는 브론스키를 만나는 그 순간 기차역에서 인부가 기차에 깔려 죽는 사고를 목격하게 될까? 톨스토이는 너무 잔인했다. 사랑 속에 죽음을 넣다니. 안나는 겨우 인생이라는 기차에 올라탔으나 끝내 행복이라는 역에는 도착하지 못했다. 사랑과 행복을 찾아 몸부림쳤던 안나의 꿈은 어쩌면 모든 여자의 아픔이었는지도 모른다. 아니, 모든 남자의 꿈이었는지도 모른다. 안나의 비극은 누구 때문일까? 인간의 자유를 억압한 사회일까? 여성을 이해하지 못한 남성일까? 자신 안에 우주가 있다는 것을 알지 못한 안나 자신일까?

안나는 기차역에서 운명적 사랑을 만났고, 기차역에서 숙명적 죽음을 맞았다. 브론스키가 안나의 자살 이후 죽음이 기다리는 전쟁터로 떠난 곳도 모스크바 동쪽의 쿠르스키 기차역이다. 그러고 보니 《안나 카레니나》를 쓴 톨스토이 자신도 기차역에서 죽었다. 마누라가 꼴 보기 싫다며 여든둘 나이에 가출한 톨스토이는 아스타포보의 작은 간이역에서 숨을 거뒀다. 톨스토이도 뒤늦게 자신이 죽인 안나를 찾아 나섰던 것은 아닐까? 우리의 삶은 기차역에서 출발해 기차역에서 종말을 맞는다.

어떤 우아한 여인이 열차에서 내려 플랫폼으로 걸어가는데, 어쩐지 안나를 닮은 듯했다. 그녀가 뒤를 돌아보았다. 그러나 내가 찾던 안나는 아니었다. 안나는 영화 속 주인공 비비안 리, 소피 마르소, 키이라 나이틀리를 닮았을까? 아니면 트레차코프 미술관에 전시된 이반 크람스코이의 그림 〈미지의 여인〉을 닮았을까? 그럴지도 모른다. 레핀의 스승인 이동파 화가 크람스코이는 톨스토이와 친분이 있었고 그의 초상화도 그렸기에 당시에도 〈미지의 여인〉이 안나를 모델로 한 그림이라는 이야기가 나돌았으니까. 민음사의 《안나 카레니나》 번역본도 표지에 〈미지의 여인〉을 사용했다. 담비 털로 장식한 검은 외투를 입고 아름다운 모자를 쓴 채 상트페테르부르크 다리를 건너는 고급 마차에 올라앉은, 조금은 도도하면서도 애수를 띤 모습의 그림 속 여인은 〈모나리자〉처럼 왠지 모를 신비로운 분위기를 자아낸다.

도대체 안나는 어디에 있는 걸까? 상트페테르부르크와 모스크바를 오가는 열차는 오늘도 수많은 사랑과 이별을 실어나른다. 모스크바 기차역에 내리는 저 많은 사람 중에 누가 안나이고, 누가 브론스키인가?

다시 찾은 모스크바

모스크바는 눈물을 믿지 않는다

모스크바를 배경으로 하는 1979년 작 〈모스크바는 눈물을 믿지 않는다〉는 소련 시절 사회주의의 모습을 보여주는 대표적 영화다. 〈모스크바는 눈물을 믿지 않는다〉는 소련 영화는 모두 뻔한 정치 선전으로 가득한 지루한 영화라는 평판을 뒤집는 흥미로운 영화였다. 시골에서 올라온 세 여인이 모스크바의 도시 생활에 적응해가는 하루하루의 삶과 사랑은 자본주의 국가와 크게 다르지 않다. 어려운 상황 속에서도 열심히 살아가는 보통 사람들의 강인한 생명력이 있는 도시가 바로 모스크바다. 남자친구가 떠나 울고 있는 여주인공 카테리나에게 친구 류드밀라가 말한다. "그만 울어. 모스크바는 눈물을 믿지 않아."

그럼 모스크바는 무엇을 믿을까? 당연히 '사랑'이다. 이 영화의 주제곡은 "모스크바는 눈물을 믿지 않아요. 사랑을 믿죠"라고 노래한다. 원래 '모스크바는 눈물을 믿지 않는다'는 '울고 있어봤자 해결책은 나오지 않는다'는 뜻의 러시아 속담이다. 영화의 주제도 눈물을 떨구고 꿋꿋이 일어서면 언젠가 '쨍하고 해 뜰 날'이 돌아온다는 해피엔딩이다. 북한에서 개봉할 때는 영화 제목이 '모스크바에서는 울어봤자 소용없다'였다던데, 뜻은 명확하지만 왠지 감칠맛이 사라졌다.

모스크바는 두 번째 방문이라 그리 낯설지 않았다. 러시아를 대표하는 두 도시, 상트페테르부르크와 모스크바는 차이점이 뚜렷하다. 옛날부터 두 도시에 대한 평가는 사람마다 크게 엇갈렸다. 차르의 전제 정치를 바라보는 정치적 시각과 유럽 문화를 바라보는 시각, 사회주의 혁명을 바라보는 시각이 두 도시를 바라보는 관점에 얽혀 있다.

비행기를 타고 오면서 만났던 나타샤는 당연히 상트페테르부르크가 최고라고 했다. 그녀가 태어나고 자라고 살고 있는 도시니까. 이 도시를 손수 만든 표트르 대제는 말할 것도 없고, 도스토옙스키, 빅토르 최도 상트페테르부르크를 찬양했다. 권력 투쟁의 상징인 크렘린과 자유가 없는 공산주의의 상징인 모스크바가 싫었던 것이다.

반면 모스크바를 끔찍이 사랑한 사람도 많다. 차르 시절 러시아의 저항 시인이었던 니콜라이 네크라소프는 1859년에 쓴 〈모스크바의 편지〉에서 "모스크바가 희망으로 활활 타오르고 있을 때 상트페테르부르크는 여전히 타락과 방종에 잠겨 서투른 시 조각이나 끄적이고 있다네!"라고 썼다. 전제 정치와 귀족들의 사치와 향락의 상징인 상트페테르부르크에 대한 저주였다. 1839년 러시아를 여행한 프랑스인 드 퀴스틴은 "상트페테르부르크는 유럽 문화를 따르려는 허위의식의 산물"이라고 비판하고, 러시아 전통이 담긴 모스크바의 건축물을 사랑했다. 압권은 1917년 혁명 이후 마야콥스키의 모스크바 찬양 시다. "파리야, 나는 너를 사랑한다. 나는 너에게서 살고 너에게서 죽었을 것이다. 만일 나에게 모스크바가 없었더라면!" 혁명 시인 마야콥스키는 모스크바를 위해 프랑스 파리를 한 방에 날려버렸다.

상트페테르부르크가 러시아의 수도였던 차르 시대 사람들은 모스크바를 사랑했고, 모스크바가 수도였던 공산주의 시대 사람들은 거꾸로 상트페테르부르크를 사랑했다. 러시아 대중에게 사랑받지 못한 차르와 공산주의에 대한 반감이 그대로 도시에 대한 저주로 나타났다. 러시아는 이제 보편적 민주주의를 지향하니 두 도시를 모두 사랑하자. 상트페테르부르크의 세련된 개방성과 모스크바의 투박한 전통은 모두 필요한 것이니까. 러시아 사람들은 '모스크바는 따뜻한 어머니이며 심장이고, 상트페테르부르크는 차가운 아버지이며 머리'라 부른다. 나는 상트페테르부르크에서 자유와 문화의 힘을 느꼈고, 모스크바에서 평등과 전통의 뚝심을 보았다.

모스크바의 흉물, 스탈린의 7자매

모스크바에서의 첫 밤은 편안했다. 레닌그라드 역에서 그리 멀지 않은 호텔은 깨끗하고 조용했다. 호텔 안 카페에서 간단히 맥주 한 잔으로 하루의 피곤을 날려버렸다. 여행자가 밤에 숙소 밖으로 나가는 것은 아무래도 위험하다. 아프리카 야생의 포식자가 으슥한 어둠을 틈타 사냥하듯 세계 어느 나라든 밤이 되면 여행자를 노리는 수많은 포식자가 거리를 어슬렁거린다.

다음 날 아침 상쾌한 기분으로 모스크바 시내 구경에 나섰다. 모스크바에서는 어디를 볼지 고민할 필요가 없다. 처음 모스크바를 방문했다면, 붉은 광장으로 바로 치고 들어가면 된다. 붉은 광장을 중심으로 크렘린궁, 무명용사의 묘, 성 바실리 성당, 스파스카야 타워 등이 몰려 있다. 모스크바 관광의 고갱이로, 시내 구경거리의 90퍼센트가 붉은 광장 주변에 있다.

모스크바 국제비즈니스센터

와, 이렇게 많이 변했구나. 15년 전 처음 왔을 때와는 사뭇 달랐다. 예전에는 비 오는 날씨 탓도 있었겠지만 왠지 침침하고 우중충한 느낌이었는데, 이번에는 훨씬 깨끗하고 밝아졌다. 도로는 넓어지고 새로 포장했으며, 중심 거리에는 고층 건물들이 들어섰다. 답답했던 도시의 인상은 사라지고, 시원한 느낌이 들었다.

물론 모스크바 하면 선입견처럼 떠오르는 사회주의 유물이 완전히 사라진 것은 아니다. 레닌 동상과 낫과 망치로 표현되는 공산당 상징물이 아직도 눈에 많이 띈다. 그중 대표적인 것이 멋대가리 없기로 유명한 '스탈린의 7자매'다. 1947년 모스크바시 창건 800주년을 기념해 세운 일곱 개의 뾰족한 스탈린식 고딕 양식의 고층 건물들을 말하는데, 가장 높은 건물의 첨탑 꼭대기에는 공산주의 상징인 별이 달려 있고, 좌우로 똑같은 모양의 낮은 건물이 호위하듯 붙어 있다. 모스크바 국립대학을 비롯해 우크라이나 호텔, 레닌그라드 호텔, 러시아 외무성, 교통부, 예술인 아파트, 문화인 아파트 등 일곱 개 건물이 쌍둥이를 방불케 할 정도로 모양이 같아서 '스탈린의 7자매'라 부르고, 웨딩 케이크처럼 생겼다고 해서 '스탈린의 웨딩 케이크'라 비아냥거리기도 한다. 스탈린은 이 흉측한 건물을 외국에 선물까지 했다. 러시아가 1955년 폴란드 바르샤바 중앙역 근처에 세운 문화과학궁전이 그것이다. 바르샤바에 가면 첫눈에 들어오는 건물인데, 도통 바르샤바 거리와 어울리지 않는 높이 234미터의 문화과학궁전은 '바르샤바의 묘비'라는 웃음거리로 전락했다.

원래 모스크바 시내에 여덟 개를 세우려 했으나 제2차 세계대전과 스탈린의 죽음으로 한 개 건물은 다행히 공사가 중단되었다. 원래는 지금 아름다운 모습으로 모스크바강을 내려다보고 있는 구세주 그리스도 성당 자리에 '소비에트 궁전'을 세우고, 그 꼭대기에 100미터 높이의 레닌 동상을 얹으려 했다. 만약 스탈린의 희망대로 소비에트 궁전이 완공됐더라면 레닌이란 '빅 브

스탈린의 7자매 중 하나인 외무성 건물

라더'가 모스크바 전체를 한눈에 내려다보며 감시하는, 조지 오웰의 《1984》가 실현될 뻔했다. 건물 벽에는 "빅 브라더가 당신을 보고 계신다Big Brother is watching you"라는 대형 현수막이 내걸리고. 상상만 해도 끔찍하다.

모스크바 시내를 돌아다니다 보면 이 건물 중 한두 개는 반드시 눈에 띈다. 도시의 역사나 환경, 디자인, 효율성을 고려하지 않고, 오로지 사회주의의 위업과 지도자의 위용을 뽐내기 위해 중후장대로 건설한 전형적인 독재자의 건축 양식이다. 실제로 1920년대 '자본주의' 뉴욕의 마천루에 대응하기 위해 '사회주의' 모스크바가 만든 건물들이다. 체제와 이념의 우월성을 건물의 높이로 평가하던 시절이었다. 주책없이 하늘로만 높이 솟은 이 건물들은 모스크바 도시 미관을 해치는 주범이다. 스탈린의 7자매를 볼 때마다 마피아 두목 스탈린이 가운데 서 있고 양옆으로 졸개 몰로토프와 베리야가 경호하는 듯해 섬뜩하기까지 하다.

스탈린의 7자매를 보면 웅장하다는 느낌보다는 이카로스의 비극이 떠오른다.

우주 박물관과 오스탄키노 타워

이미 한 차례 모스크바를 방문한 적이 있었기에 이번에는 도시 외곽부터 둘러본 뒤 천천히 붉은 광장으로 들어갔다. 첫 번째로 찾은 곳은 호텔에서 그리 멀지 않은 우주 박물관이다. 우주 박물관 주변으로 전全 러시아 박람회장, 오스탄키노 타워, 이즈마일로보 재래시장이 있다. 시간 여유가 많지 않아 버스를 타고 한 바퀴 휙 둘러보는 것으로 만족해야 했다. 모스크바 관광의 '메인 디시'인 붉은 광장을 찾기 전 입맛을 돋우기 위한 '애피타이저' 일정이다.

높이 540미터의 오스탄키노 타워는 멀리서도 눈에 들어온다. 모스크바에서 가장 높은 방송국 송수신 탑이다. 모스크바 시내를 한눈에 볼 수 있는 전망대가 있어 관광객이 많이 찾는 명소다. 그 옆이 우주 박물관이다. 1957년 세계 최초의 인공위성 '스푸트니크' 발사를 기념해 만든 100미터 높이의 스페이스 오벨리스크가 단연 압권이다. 하늘을 향해 날아가는 로켓 인공위성을 상징하는 조형물이다. 우주 박물관에는 인류 최초의 우주 비행사 유리 가가린 초상화와 최초의 여자 우주 비행사 발렌티나 테레시코바 흉상, 우주선 모형 등이 있는데, 가족 여행자라면 가볼 만한 장소다. 그 옆으로 전 러시아 박람회장이 있고, 박람회장 입구에 전승 기념문이 보인다. 건너편으로 코스모스 호텔이 있는데, 우주선 모양으로 둥근 반원형 건물이다. 그야말로 우주를 콘셉트로 한 건물의 집합소다. 코스모스 호텔에 묵으면 새벽에 호텔이 통째로 우주선이 되어 하늘로 날아갈 것만 같다.

옛 KGB 건물과 마야콥스키 박물관

우주 박물관 주위를 둘러본 버스가 시내로 들어오며 이즈마일로보 재래시장을 지났다. 전통 기념품을 파는 시장인데, 다양한 색깔의 목조건물이 마치 성처럼 보였다. 시내 중심부로 들어가자 슬슬 옛 소련 냄새가 느껴졌다. 루뱐카 광장이다. 4층짜리 무시무시한 노란색 건물이 보였다. 소련 시절 악당의 소굴이었던 옛 KGB(국가보안위원회) 건물이다. 우리가 옛날 서울 남산의 중앙정보부 건물을 지날 때 온몸에 소름이 돋았듯 소련 사람들은 이곳을 지나며 사시나무처럼 벌벌 떨었다. 1945년 제2차 세계대전 당시 군인이었던 알렉산드르 솔제니친이 친구에게 보낸 편지에서 스탈린을 '두목'이라 표현하며 조롱했다는 이유로 끌려와 고문당했

옛 KGB 건물

던 곳이다. 솔제니친의 소설 《수용소 군도》는 1층의 KGB 교도소를 잘 묘사하고 있다.

KGB는 현재 FSB(러시아 연방보안국)로 이름이 바뀌었다. 건물 옆 공원에는 소련 시절 KGB에 의한 정치적 희생자를 위로하기 위해 강제 노동 수용소였던 백해 솔로베츠키섬에서 가져온 '솔로베츠키 스톤'이 놓여 있다. 그러나 이름만 바꾸고, 기념비라고 돌덩이 하나 덜렁 갖다 놓는다고 제 버릇 개 주겠는가? 중앙정보부에서 국가정보원으로 이름만 바꾼 한국 정보기관이 그렇듯 KGB 역시 그 버릇이 어디 가지 않았다. 푸틴에 반대해 영국에 망명한 전 FSB 요원 알렉산드르 리트비넨코는 2006년 옛 러시아 동료들이 건넨 방사능 홍차를 마시고 숨졌다. 폴로늄 210 방사능 암살이었다. 범인은 뻔할 뻔 자다. 국가기관이 아니고서야 누가 방사능을 다루겠는가? FSB 지붕에는 옛 KGB 시절의 낫과 망치 로고가 그대로 내걸려 있다. 그러면 그렇지. 탄식이 절로 나왔다. 낫과 망치는 농민과 노동자를 대변하는 것이라지만 실상은 프롤레타리아 공산 독재의 상징 아니던가?

2015년 11월 러시아 행위예술가가 푸틴의 공안 정치에 항의하는 의미로, 이 KGB 건물 출입문에 석유를 뿌리고 불을 붙인 뒤 경찰에 체포되는 장면을 찍는 퍼포먼스를 펼쳤다. 우리나라 방송에서도 해외 토픽으로 이 소식을 전했는데, 당시 방송의 마지막 멘트가 기억에 남는다. "이건 범죄일까요, 예술일까요?"

옛 KGB 건물 건너편에는 블라디미르 마야콥스키 박물관이 있다. 사회주의 혁명의 상징이었던 마야콥스키는 정작 혁명이 성공하자 자신이 꿈꾸던 이상과 다른 현실에 절망했다. 서른 살에 스스로 목숨을 끊은 천재 시인 예세닌처럼 혁명 시인 마야콥스키도 우울증 끝에 서른여섯 살에 자살했다. "사랑하는 작은 배는 세속에 충돌했다"라는 그의 유서처럼 현실 사회주의는 낭만적 혁명주의의 얼굴이 아니었다. 그와 친했던 파스테르나크는 소설 《닥터 지바고》에서 주인공 지바고의 입을 빌려 마야콥스키를 "모든 점에서 도스토옙스키의 계승자"라고 평했다. 러시아 미래파를 상징하는 노란 옷을 걸치고 다녀 '노란 셔츠의 사나이'로 불린 그의 죽음은 순수 문학과 현실의 혁명이 정면으로 충돌한 사고였다.

어떻든 마야콥스키는 타고난 반골이자 혁명가였다. 사랑과 혁명, 시와 전위 예술에서 자신만의 독특한 흔적을 남긴 인물이다. 그는 겨우 열여섯 살에 차르 체제에 반대하는 선동 시를 썼다 감옥에 들어간 혁명 시인이었으며, 볼셰비키 혁명 뒤에는 친구 알렉산드르 로드첸코와 사회주의 선전 포스터를 만드는 데 앞장섰던 전위 예술가였고, 자신의 후원자였던 오십 브릭과 그의 아내 릴리와 함께 살며 사랑을 공유한 폴리아모리(다자연애)의 선구자였다. 유서에 남긴 마지막 말은 정말 그다웠다.

"나의 죽음에 대해서 그 누구도 탓하지 마오. 그리고 이야깃거리로도 만들지 말아주오. 죽은 자는 가십을 싫어하오."

유서에서 가십을 싫어한다고 했으니 아무리 여행자라도 그에 대한 시시콜콜한 얘기를 참새처럼 조잘댈 수는 없다. 오십과 그의 아내 릴리, 마야콥스키의 전위적 사랑 얘기는 여기서 끝낼 수밖에 없다.

볼쇼이 발레, 조선사절단이 본 여성 학대?

루뱐카 광장을 지나자 오른쪽으로 볼쇼이 극장이 얼굴을 사뿐히 드러냈다. 그리스식 둥근 흰 기둥이 건물을 버티고, 현관 위에는 마차를 몰고 가는 아폴론 청동조각상이 있다. 아폴론은 태양의 신이며 음악의 신이니 예술의 전당 볼쇼이 극장에 잘 어울린다. 예카테리나 2세가 1776년 세운 볼쇼이 극장은 마린스키 극장과 함께 러시아를 대표하는 오페라·발레 공연장이다. 볼쇼이는 러시아어로 '크다'는 뜻이니 볼쇼이 극장은 곧 '대극장'이다.

오래전 볼쇼이 극장을 방문한 우리 선조들이 있었으니, 1896년 5월 니콜라이 2세의 대관식에 축하사절단으로 온 민영환 일행이다. 남녀칠세부동석이 기본인, 상투에 갓을 쓴 조선 양반의 눈에 비친 발레 공연은 가관이었다. 발레리나들이 몸에 착 달라붙는 발레복을 입고 춤추는 장면이 어떻게 보였겠는가? 중국어 역관으로 사절단에 동행한 김득련은 당시의 인상을 19세기 말 조선에서 활동하던 개신교 선교사들이 발행한 《코리안 리포지터리The Korean Repository》라는 잡지에 남겼다.

"청중이 모인 자리에서 웬 신사가 목살에 힘줄이 돋칠 정도로 소리를 지르니 모두들 그를 우러러보더라. 서양에서 군자 노릇 하기란 원래 저리 힘든가 보다. 벌거벗은 것이나 다름없는 소녀가 까치발

볼쇼이 극장

을 하고 빙빙 돌며 뛰기도 하고 멈추기도 하는데, 가녀린 낭자를 학대하다니, 서양 군자들은 참으로 짐승이구나."

얼마나 재미있는 인상기인가? 오페라에서 테너의 노랫소리를 돼지 멱 따는 소리쯤으로 취급하고, 소녀의 발레 장면을 동물 공연의 학대와 비슷하게 바라본 그들의 시선이 눈길을 끈다.

볼쇼이 극장도 마린스키 극장처럼 여름 휴가철에는 단원들이 쉬기 때문에 8월에는 공식 공연을 볼 수 없다. 여행하기 가장 좋은 8월에 이런 날벼락이 없다. 인생도 사랑도 여행도 엇갈림의 연속이다. 모든 것이 타이밍인데, 정작 사랑은 너무 늦게 오거나 너무 빨리 온다. 여행도 그렇다. 볼쇼이 극장 앞에서 러시아 노인들이 앉아 쉬고 있는데, 왜 내 눈에는 갓 쓰고 도포 입은 조선 사절단의 모습이 보이는지….

국립도서관, 레닌이냐 도스토옙스키냐

볼쇼이 극장 건너편 혁명 광장에는 커다란 카를 마르크스 동상이 서 있다. 동상에는 《공산당 선언》에 나오는 유명한 구절인 "만국의 노동자여, 단결하라!"가 쓰여 있다. 조금 지나자 오른쪽으로 러시아 의회 두마 건물이 보이고, 왼쪽으로 마네지 광장이 보이는가 싶더니, 크렘린으로 들어가는 입구에 도착했다. 레닌 도서관 역 앞이다. 정작 도서관 이름은 러시아 국립도서관으로 바뀌었으나 지하철역은 예전 이름 그대로다. 옛 레닌 도서관은 영화 〈모스크바는 눈물을 믿지 않는다〉를 본 사람에게는 낯설지 않은 장소다. 여주인공 카테리나의 친구 류드밀라가 지식인층 남자를 만나기 위한 '작업' 장소로 즐겨 찾던 곳이 바로 레닌 도서관이다. 시골 출신으로 빵 공장에서 일하던 류드밀라는 대학생처럼 꾸미고 도서관에서 책을 펼쳐놓고는 미끼를 덥석 물 남자들을 기다린다.

과거 레닌 동상이 있던 국립도서관 앞에는 어색한 자세로 엉거주춤 앉아 있는 도스토옙스키 동상이 있다. 책 속에 진리가 있다는 뜻으로 도서관 앞에 대문호의 동상을 세운 것은 이해하겠는데, 그 자세나 얼굴이 도무지 성의 없이 뚝딱 만든 느낌이 드는 것은 왜일까? 도스토옙스키 동상 자리에 있던 대형 레닌 동상은 철거되고, 레닌의 작은 동상만이 도서관 안에 서 있다. 러시아 젊은이들은 도서관 안에 있는 레닌의 길을 따라야 할까, 아니면 도서관 밖에 있는 도스토옙스키의 길을 따라야 할까? 인간의 진정한 구원과 행복을 놓고 도스토옙스키는 인간 내면의 변화에서 그 해결책을 찾으려 했고, 레닌은 사회 구조의 변화에서 찾으려 했다. 도스토옙스키는 레닌과 달리 개인에 대한 대안을 집단으로 보지 않았다. 도스토옙스키가 바라본 개인의 변화와 레닌이 주목한 사회의 모순이 모두 해결될 때 이상적인 인간 공동체가 되지 않을까? 물론 인간 공동체의 핵심은 사랑이다. 체 게바라도 사랑이 없는 혁명은 단지 폭력일 뿐이라고 했다. “나는 존재한다. 고로 사랑한다”라는 도스토옙스키의 말이 귀에 맴돈다. 러시아의 젊은이들이여! 레닌의 혁명을 따르기 전에 먼저 도스토옙스키의 사랑을 생각하라!

크렘린, 차르의 윤회의 길

동장군을 아시나요

크렘린으로 들어가기 위해서는 먼저 성 밖의 왕관 모양으로 된 쿠타피야 타워를 지나야 한다. '못생기고 남루한 여자'라는 뜻인 쿠타피야 타워는 크렘린을 보호하기 위해 강 건너에 세운 망루 겸 포대다. 쿠타피야 타워에서 크렘린 입구인 트로이츠카야 타워는 다리로 연결되어 있다. 지금은 복개되어 알렉산드르 정원으로 사용되지만, 다리 밑으로 해자 역할을 하던 네글린나야강이 흐르고 있다.

드디어 다리를 건너 '삼위일체 문'이라는 트로이츠카야 타워 아래를 지났다. 크렘린 안이다. 높이 80미터의 트로이츠카야 타

크렘린 입구인 쿠타피야 타워(왼쪽)와 트로이츠카야 타워

워는 크렘린의 20개 타워 가운데 가장 높은 문루다. 천하를 호령하던 나폴레옹이 1812년 말을 타고 크렘린에 호기롭게 들어왔다가 추레하게 퇴각했던 그 문이다.

나폴레옹 얘기가 나온 김에 잠시 쉬었다 가자. 역대 러시아 장군 중 가장 강력한 장군은 누구일까?

① 포템킨 ② 수보로프 ③ 쿠투조프 ④ 주코프

아무리 찾아도 정답은 없다. 러시아 최강의 장군은 동씨 성을 가진 의외의 인물이다. 혹독한 겨울 추위를 말하는 '동장군冬將軍' 얘기다. 실제로 '동장군'이라는 말은 나폴레옹의 러시아 침공에서 비롯했다. 1812년 나폴레옹의 러시아 원정 패인이 '겨울 추위'라며 영국 언론이 'General Frost(추위 장군)'라고 불렀고, 일본이 이를 '동장군'이라 번역한 것을 우리가 그대로 들여다 쓰고 있다.

러시아는 나폴레옹의 1812년 침공(조국 전쟁)뿐 아니라 스웨덴의 1707년 러시아 침공(대북방 전쟁), 독일 나치의 1941년 침공(제2차 세계대전의 대조국 전쟁) 때도 동장군을 앞세워 모두 물리쳤으니 동장군은 러시아의 수호신임이 틀림없다. '러시아 겨울 전쟁'을 연구한 미국의 앨런 추 박사도 동장군이 러시아의 역대 전쟁 승리 요인 중 하나라고 밝혔다.

트로이츠카야 타워를 보니 나폴레옹이 추위에 벌벌 떨며 초라한 모습으로 퇴각하는 장면이 떠올랐다. 이발할 때 면도사가 칼로 자신의 목을 베어버릴까 두려워했던 나폴레옹은 면도사보다 더 무서운 추위란 놈 앞에서 쩔쩔맸다. 역대 침략군을 무찔렀던 러시아의 비밀병기는 최신 무기가 아니라 '추위'라는 자연의 무기였다.

나폴레옹이 울고 간 크렘린

나폴레옹의 크렘린 입성 상황은 당시 러시아 원정에 동행했던 비서 클로드 프랑수아 드 메느발이 남긴 《나폴레옹의 모스크바 입성》에 잘 기록되어 있다.

> "황제는 곧장 크렘린으로 향했다. 도시 중앙의 언덕 위에 자리 잡은 성채로, 이를 둘러싼 방어용 성벽에는 일정 간격마다 대포를 설치한 탑이 세워져 있었다. 크렘린은 그 자체가 또 하나의 도시였다. 그 안에는 황궁과 무기고, 의사당, 문서보관소, 주요 행정기관, 그리고 수많은 교회당이 있는데, 그 교회당들 안에는 흥미로운 역사 자료와 왕의 대관식에 쓰는 집기들, 그리고 터키인들에게 빼앗아온 노획물과 깃발 등이 가득 들어 있다. 이것은 차르의 능묘 역할을 하는 어느 중요한 교회에 있다."

메느발이 1812년 목격한 크렘린은 지금 그대로다. 나폴레옹의 무기가 전리품으로 관광객의 구경거리로 전시되고 있다는 점을 빼놓고는. 크렘린은 모스크바의 심장이며 모스크바의 꽃이다. '성채'라는 뜻인 크렘린은 중국의 자금성처럼 도시 안의 도시다. 커다란 성곽 안에 크고 작은 탑과 궁전, 르네상스식 성당이 옹기종기 모여 있다. 크렘린 안에 들어서면 바로 왼쪽으로 옛날 무기고가 있다. 그 앞에 나폴레옹 군대가 철수하면서 놓고 간 대포들이 승리의 기념물로 전시되어 있다. 메느발은 "(크렘린 안의) 십자가를 비롯해 움직일 수 있는 많은 신기한 물건들은 크렘린을 떠나 파리로 옮길 계획이었다"라고 했으나 정작 자신들의 무기가 전리품으로 크렘린에 남게 되었다. 저 무기들은 나폴레옹에게는 치욕이요, 러시아에는 영광의 상징이다.

삼각형 모양의 3층짜리 노란색 건물은 러시아 대통령 집무실이다. 과거에는 상원 건물이었는데, 돔 지붕 위에 러시아 국기가 걸려 있다. 그 앞을 지키고 있던 경비병들이 접근하는 여행자들에게 '안 돼!'라고 손짓했다. '지붕 위에 러시아 삼색기가 내걸린 거 못 봤어? 그건 우리 푸틴 형님이 지금 집무실에서 근무하고 있다는 뜻이야. 푸틴 형님은 권한이 별로 없는 너희 나라 대통령과 달라. 절대 권력을 휘두르는 21세기 차르란 말이야. 차르가 대통령보다 훨씬 힘이 센 건 알지? 푸틴 형님은 무시무시한 KGB 출신에다 유도 8단의 상남자야. 그러니 이쪽으로 오면 안 된단 말이야. 푸틴 형님이 한성질 하거든.'

푸틴 대통령 집무실에 걸려 있는 러시아 삼색기를 보자 공산주의가 영원히 안녕을 고한 날이 떠올랐다. 소련의 몰락은 정말 극적이었다. "1991년 12월 25일, 모스크바의 크렘린궁에 나부끼던 낫과 망치의 소련 적기가 내려가고, 새로운 러시아의 삼색기

탁 트인 크렘린궁의 대통령 집무실

가 올라갔다.” 당시 우리나라 언론은 고르바초프 소련 대통령의 사임과 함께한 소련의 몰락을 이렇게 전했다. 74년간 소련을 다스렸던 공산주의는 얄궂게도 1991년 크리스마스에 적기의 하강과 함께 역사의 뒤안길로 쓸쓸히 사라졌다. 인류 최후의 구원자를 자처했던 소련의 ‘붉은 산타 할아버지’는 더 이상 인민에게 줄 선물이 없었던 것이다.

작은 도로를 기준으로 대통령 집무실의 오른쪽 건너편에는 눈에 거슬리는 건물이 있다. ‘크렘린 대회 궁전’이라는 생뚱맞은 건물이다. 흐루쇼프 서기장 시절인 1961년 만든 대리석과 유리 재질의 현대식 건물로, 예전에는 소련 공산당 대회 장소로 이용했으나 지금은 국제회의장으로 사용한다. 옛 궁에 어울리지 않는 유리 건물에다 성당 광장으로 가는 길을 가로막아 답답하기까지 하다. 옛날 경복궁을 가로막고 있던 조선총독부 건물을 보는 듯했다. 크렘린의 꼴뚜기다. 이만저만 볼썽사나운 건물이 아니다. 역사 바로 세우기의 본보기가 되어야 할 건물인데, 왜 철거하지 않는지 알다가도 모를 일이다.

차르의 대포

성당 광장 입구에 다다랐다. '차르의 대포'가 수문장처럼 신성한 성당 입구를 지키고 있었다. 16세기에 만들어진 청동 대포는 890밀리미터 구경에 무게는 40톤으로 무시무시하게 크다. 한 번도 사용한 적 없는 차르의 대포 앞에는 하나당 1톤이나 되는 대포알 몇 개가 전시되어 있었다. 아무리 봐도 대포알이 포문보다 클 것 같다. 다음에는 줄자를 들고 가서 직접 포문과 대포알의 크기를 비교해보리라. 대포알이 포문보다 크면 실전에 쓸 수 없는 장식품이니 포문에는 '뻥포', 대포알에는 '뻥알'이라고 딱지를 붙여 놓고 말리라.

차르의 대포를 보니 오래전 방영했던 〈피의 제국, 러시아〉가 떠올랐는데, 거기서 '러시아식 추방'이란 재미난 장면이 나왔다.

차르의 대포

폭군 이반 4세의 막내아들 드미트리가 어려서 의문의 죽음을 당하자 폴란드 출신 사기꾼이 드미트리를 사칭해 차르의 자리에 올랐으나 결국 거짓으로 드러나 1606년 살해됐다. 러시아 귀족들은 '가짜 드미트리 1세'를 화장한 재를 대포에 넣고 "영원히 꺼져버려!"라며 폴란드 쪽으로 뻥 날려버렸다. 이게 바로 러시아식 추방이다.

차르의 대포 뒤로는 다섯 개의 은빛 돔이 있는 총주교 궁전과 12사도 성당이 있다. 차르의 궁전에 러시아 정교회 총주교의 자리가 있다는 것을 어떻게 봐야 할까? 청와대 안에 조계종이나 명동 성당이 들어선 것과 같다. 과거 차르 못지않은 권력을 누린 총주교의 권위를 보여주는 것일까? 아니면 차르가 종교를 권력 유지의 방편으로 삼으려고 총주교를 볼모로 곁에 둔 것일까? 아마 둘 다일 테다. 국가 권력과 종교의 일체화를 보여주는 또 다른 사례다.

12사도 성당에서 눈여겨볼 것은 돔의 모양이다. 일반적인 양파 모양이 아닌 헬멧 형태다. 애초 러시아 성당의 돔은 이처럼 소박한 빛깔의 비잔틴식 헬멧 모양이었으나 점차 붉은 광장의 성 바실리 성당처럼 다양한 색상의 양파 돔으로 바뀌었다.

크렘린 3대 성당, 차르의 윤회의 길

차르의 대포를 오른쪽으로 끼고 돌자 앞이 확 트인 성당 광장(소보르나야 광장)이 넓게 펼쳐졌다. 크렘린 3대 성당인 성모승천 성당과 성모수태고지 성당, 대천사 성당이 광장을 빙 둘러싸고 있어서 붙여진 이름이다. 3대 성당과 이반 대제 종탑은 모두 '모스크바 러시아'의 기틀을 마련한 이반 3세(이반 대제)가 몽골 타타르를 물리친 것을 기념해 1475년 짓기 시작했다. 이반 3세와 아들 바실리 3세, 손자 폭군 이반 4세 등 3대에 걸쳐 대규모 성당 건설

성당 광장과 대천사 성당(왼쪽), 성모수태고지 성당(가운데), 성모승천 성당(오른쪽)

이 이뤄진 것은 우연이 아니다. 콘스탄티노플의 비잔틴 제국이 1453년 이슬람 오스만 튀르크에 멸망하자 러시아는 기독교 최후의 보루인 '제3의 로마'를 자임하고 나섰다. 이반 3세는 동로마 제국 마지막 황제의 조카딸 소피아와 결혼함으로써 혈통적 정통성을 확보하는 한편, 동로마 문장인 쌍두 독수리를 러시아 문장으로 계승함으로써 상징성도 갖췄다.

성당 광장 오른편에 첫 번째로 보이는 성당이 성모승천 성당(우스펜스키 성당)이다. 다섯 개의 황금빛 돔을 이고 있는 성모승천 성당은 크렘린에서 가장 중요한 성당이다. 러시아 정교회에서 돔의 숫자에는 중요한 의미가 있다. 하나는 예수 그리스도, 셋은 성 삼위(성부, 성자, 성령), 다섯은 예수 그리스도와 4대 복음서를 쓴 네 사도를 상징한다. 돔 다섯 개는 최고의 성당에만 올릴 수 있다. 성모승천 성당은 러시아 최고의 성당으로, 차르 권력의 중심이었고 러시아 정교회의 중심이다. 차르의 대관식을 이곳에서 거행했고, 러시아 정교회 총주교를 여기서 뽑았다. 표트르 대제가 수도를 상트페테르부르크로 옮긴 뒤에도 차르의 대관식만은 여기서 치렀다. 총주교는 죽어서도 이곳에 묻혔다. 모든 차르와 총주교가 태어나는 성모승천 성당은 '제3의 로마'의 상징적 장소였다.

조선 말 민영환이 니콜라이 2세의 대관식에 참석하기 위해 도착한 곳도 바로 이 성당이다. 그런데 그 먼 길을 달려온 민영환 일행은 정작 대관식이 열리는 성당으로 들어가지 않았다. 무슨 사연이었을까? 당시 민영환 일행은 조선에서 모스크바까지 4만 2,900여 리(1만 6,850킬로미터)를 50일에 걸쳐 왔다. 상투 틀고 갓 쓰고 도포 입은 '조선 양반' 민영환은 성당 안으로 들어가려면 모자를 벗어야 한다는 러시아 정교회의 원칙을 따를 수 없었다. 민영환은 양반이 갓을 벗는 것은 조선의 관습과 유교의 정신에 어긋난다고 생각했고, 러시아 정교회는 모자를 쓰고 성당에 들어가는 것을 신에 대한 모독으로 여겼다. 결국 갓 때문이었다. 민영환 일행은 대관식이 끝날 때까지 밖에서 세 시간 동안 기다렸는데, 바로 이반 대제 종탑 앞에서였다.

그러나 갓이 문제가 아니었다. 민영환은 러시아의 도움으로 조선을 구하려고 이곳까지 왔으나 러시아는 역시 대관식 축하사절단으로 온 일본 대표단과 뒤에서 비밀 협상을 벌이고 있었다. 이때 러시아 외상 로바노프와 일본 특명전권대사 야마가타 사이에 체결한 것이 '로바노프-야마가타 의정서'다. 조선의 공동보호국화인데, 실상은 한반도 분할 점령이었다. 해방 뒤 미국과 소련의 한반도 신탁 통치와 분단의 원조 격이다. 관념적 명분만을 중시하는 '갓'이 국제외교의 냉엄한 논리를 알 리가 있겠는가? 조선은 외교 무능, 외교 등신이었다.

나는 민영환이 갓 때문에 들어가지 않은 성모승천 성당 안으로 들어가려고, 쓰고 있던 모자를 벗고 남쪽 문으로 다가갔다. 민영환과 달리 철저한 국익 우선의 실리 외교 노선을 취하기로 했다. 그런데 남문은 훤한 대낮인데도 굳게 닫혀 있었다. 고개를 들어 성당의 벽과 지붕이 만나는 박공을 올려다보았다. 유명한 〈블라디미르의 성모〉가 그려져 있는데, 아기 예수를 안은 성모 마리아가 나를 불쌍한 표정으로 내려다보고 있었다. 내가 박공의 이콘에 눈이 빠져 있는 동안 마오쩌둥의 홍군 대장정을 연상시키는 중

가장 중요한 러시아 정교회 성당인 성모승천 성당. 박공의 이콘 〈블라디미르의 성모〉가 유명하다.

국 단체관광객들이 우르르 서쪽 문으로 내달렸다. 이상했다. 깃발을 든 중국 가이드는 나를 이상한 놈 취급하듯 힐끗 쳐다보고 지나갔다. 그제야 나는 뭔가 잘못됐다고 깨달았다. 성모승천 성당에는 동쪽을 제외한 서쪽, 남쪽, 북쪽 세 곳에 문이 있다. 동쪽은 천국으로 향하는 길이니 별도의 문이 없다. 내가 서 있던 남문은 황제와 황족만 드나드는 정문이었다. 1917년 2월 혁명으로 차르 체제가 무너지면서 이 문을 드나들 황족은 사라졌고, 남문은 영원히 닫혀버렸다. 황족도 아닌 놈이 '열려라 참깨!' 주문을 외웠으니 문이 열리겠는가? 반대편 북문은 사제들이 드나드는 문이고, 일반인이 드나드는 출입구는 서문이다.

중국 관광객 꽁무니를 좇아 서문으로 발길을 옮겼다. 전 세계 평민들이 성당 안으로 들어가려고 길게 줄지어 있었다. 국적은 달라도 신분이 같으니 마음만은 편했다. 성당 안은 혼이 다 빠질 정도로 화려한 이콘과 프레스코화로 가득했다. 성당의 주제 이콘인 성모의 승천(15세기)과 성 게오르기(11세기), 삼위일체(14세기), 베드로와 사도 바울(15세기)의 이콘이 눈길을 잡아끈다.

남문 쪽에는 '차르의 기도 의자'가 있었다. 폭군 이반 4세가 기도를 드리기 위해 1551년 설치한 목재 황제석인데, '모노마흐의 왕좌'라고도 부른다. 평생 폭정과 신앙의 이중고에 시달렸던 이반 4세의 불행했던 삶이 기도 의자에 어른거린다. 그 옆으로 총주교의 예배 장소가 있고, 북문 쪽으로는 총주교 묘비가 있다. 과거 성당 안으로 들어온 귀족들은 "여기가 바로 천국이구나!"라며 감탄했고, 차르는 "내가 곧 하느님의 아들"이라며 귀족들에게 충성심을 요구했다.

러시아 최고의 성당답게 성당 안은 관광객들로 넘쳐났다. 쓰나미보다 더 강력한 인파다. 사람이 얼마나 많은지, 산소가 부족해 가슴이 턱턱 막힐 정도였다. 갑자기 쿵쾅쿵쾅 빨라지는 심장박동을 느끼고는 질식사를 피해 서둘러 밖으로 나왔다. 어디서 바람이 불어왔는지 갑자기 산소가 풍부해지고, 심장은 안정을 찾았다. 오래전 아프리카에서 킬리만자로를 오를 때 고산병으로 고생하다 산 아래로 내려온 느낌이었다.

밖으로 나오니 성모승천 성당 입구에 하얀색 건물의 '성모의 성의 안치 성당'이 있었다. 그 성당 계단 입구에 중동에서 온 10여 명의 단체관광객이 앉아 쉬고 있었다. 세계 어디를 가도 중동 국가의 단체관광객은 만나기 쉽지 않다. 의외였다. 이란에서 온 젊은 남자들이었다. 2016년 이란 핵 문제가 타결되어 미국과 유럽의 경제 제재가 풀리면서 이란 해외 관광객이 급속히 늘고 있다고 한다. 나도 그들 옆에 앉아 잠시 뜨거운 햇볕을 피했다.

우연히 고개를 뒤로 돌렸다가 멋진 성당의 돔을 발견했다. 가이드북에는 소개되지 않은 환상적인 돔이었다. 이럴 때 전율을 느낀다. 크렘린에 있는 어떤 성당의 돔보다도 화려하고 아름다운 돔 무리가 하늘을 향해 솟아 있었다. 덩굴무늬 장식을 두른 붉은 벽돌의 원기둥 받침 위에 십자가와 초승달을 단 11개의 양파 돔이 놓여 있었다. 다른 성당 첨탑에서는 찾기 힘든 무어 양식의 첨탑으로, 하나의 예술 작품이다. 앞줄에 네 개의 돔이 자리하고 가운데 세 개, 그리고 뒷줄에 네 개의 돔이 나란히 서 있어 지붕의 원근감을 느끼게 하는 절묘한 배치다. 크렘린 대궁전에 딸린 테렘 궁전의 부속 성당인 베르호스파스키 성당(높이 계신 구세주 성

테렘 궁전의 베르호스파스키 성당

당)이다. 크렘린에서 가장 아름다운 장소를 고르라면, 이 베르호스파스키 성당의 돔 지붕을 꼽겠다. 황금색 돔이 꽃같이 아름다운 황금 꽃 성당이다.

베르호스파스키 성당을 발견한 즐거움을 안고, 성모수태고지 성당(블라고베시첸스키 성당)으로 갔다. 도중에 다각형 모양이 벽면에 새겨진 하얀색 그라노비타야 궁전(다면체 궁전)을 지나쳤다. 옛날에는 차르의 연회장이었는데, 지금은 러시아 주재 각국 대사가 신임장을 받는 국제외교의 장이다. 그 뒤쪽의 노란색 건물은 크렘린 대궁전으로, 과거에는 차르가 살았지만 지금은 러시아 대통령 공식 관저다. 대궁전의 안드레옙스키 홀은 러시아 대통령 취임식이 거행되는 장소이다. 현재 러시아는 '물주' 푸틴과 '바지사장' 메드베데프가 대통령 4년 중임 제한 규정을 피하기 위한 꼼수로 대통령직과 총리직을 서로 주거니 받거니 하면서 위험한 장기 집권 게임을 벌이고 있다. 이들은 상트페테르부르크 대학 선후배라는 학연으로 얽혀 있기도 한데, 아서라, 권력과 음식은 독식하면 탈이 나느니라.

황실 가족의 예배당인 성모수태고지 성당은 아홉 개의 양파 돔이 몰려 있는 성당이다. 애초 중앙 성당 돔은 세 개였으나, 네 귀퉁이에 예배당을 더 지으면서 예배당별로 돔이 더 늘어났다. 이곳에서 황실 결혼식이 열렸다. 이콘의 대가 안드레이 루블료프가 그린 것으로 추정되는 6단 성화벽이 유명하다.

마지막으로 찾은 성당은 차르의 수호성인 대천사 미카엘에게 봉헌한 대천사 성당(아르항겔스키 성당)이다. 지붕에 다섯 개의 양파 돔이 있는데, 예수 그리스도를 상징하는 가운데 돔만 황금빛이고 4대 복음서를 쓴 네 제자를 상징하는 나머지 돔은 은빛이다. 성당 안에는 주제 이콘인 대천사 미카엘이 그려져 있는데, 미카엘은 악마와 싸워 하나님의 세력을 보호하는 수호자의 상징이다. 1712년 표트르 대제가 수도를 상트페테르부르크로 이전하기 전까지 1320년부터 보리스 고두노프를 제외한 이반 3세, 폭군 이반 4세 등 모든 황제가 성당 지하에 잠들어 있다.

성당 광장 앞에서 지나온 성당들을 되돌아보았다. 차르는 성모 수태고지 성당에서 결혼하고, 성모승천 성당에서 황제에 오르고, 죽어서는 대천사 성당에 영원히 잠들었다. 그러고 보니 아무리 절대 권력을 휘두르는 차르도 성당 광장의 울타리를 벗어나지는 못했다. 크렘린 3대 성당은 차르의 일생을 나타내는 윤회의 길이었다. 손오공이 뛰어봤자 부처님 손바닥 안이었듯 크렘린에서 태어나 3대 성당을 전전하다 삶을 마친 차르의 인생은 과연 행복했을까?

영화 〈러브 오브 시베리아〉, 이반 대제 종탑

대천사 성당 옆에는 두 개의 황금빛 돔이 있는 높은 종루가 있다. 이반 3세 대제를 기리는 이반 대제 종탑이다. 제일 높은 종탑은 81미터이며, 그 아래 모두 34개의 종이 달려 있다. 종은 외적이 침입하거나 대관식 같은 황실 경조사 때 울렸는데, 종탑의 꼭대기 전망대에서 바라보는 전경이 근사하다고 한다. 이반 대제 종탑 하면 영화 〈러브 오브 시베리아〉가 떠오른다. 황제가 어린 황태자와 함께 백마를 타고 러시아 사관학교 장교 임관식이 열리는 성당 광장으로 달려오고, 그것을 본 종지기가 허겁지겁 종탑으로 올라가 종을 쳐 황제의 등장을 알린다. 황제가 사는 황궁이 영화에 직접 등장하는 사례는 매우 드문데 〈러브 오브 시베리아〉는 중국 자금성이 등장하는 〈마지막 황제〉처럼 크렘린의 현장을 영화 장면에 고스란히 담았다. 아마도 러시아 감독 니키타 미할코프의 영화여서 크렘린 촬영을 허락한 듯하다. 지금도 4월부터 10월까지 토요일 정오에 크렘린 근위대가 〈러브 오브 시베리아〉에 나오는 장면처럼 말을 타고 성당 광장에서 멋진 퍼레이드를 펼친다.

크렘린에서 마지막 볼거리는 '차르의 종'이다. 어마어마한 차르의 종은 이반 대제 종탑 뒤에 있다. 원래 짭짤한 홍밋거리는 뒤쪽에 숨어 있는 법. 차르의 대포가 무게 40톤의 괴물이라면, 차르의 종은 202톤의 왕괴물이다. 무게가 많이 나간다는 것 말고, 차르의 종이 차르의 대포와 닮은 점이 또 있다. 한 번도 쏘아보지 못한 차르의 대포처럼 차르의 종은 한 번도 울어보지 못한 비운의 종이다. 1737년 종을 설치하다 불이 나자 물을 뿌리는 바람에 금이 가면서 한 조각이 떨어져 나갔다. 결국 한 번도 울지 못하고, 영원히 소리를 잃은 종이 되었다. 떨어진 조각의 무게만 11톤으로, 어지간한 종보다 더 무겁다. 조각은 종의 본체 옆에 놓여 있다. 오히려 이 깨진 종의 사연 때문에 아무런 흠집 없는 완전한 종보다 여행자로부터 더 많은 사랑을 받고 있다. 스토리가 사람을

깨진 차르의 종. 왼쪽 하얀 건물이 이반 대제 종탑

감동시킨다.

두 번째로 크렘린을 방문하니 처음에 보지 못했던 장면들도 쏙쏙 들어왔다. 크렘린 대궁전 뒤쪽의 보로비츠카야 타워 근처에는 무기 박물관과 다이아몬드펀드 전시관이 있다. 무기 박물관에는 무기만 있는 것이 아니라 차르의 마차 등도 전시되어 있고, 다이아몬드펀드 전시관에는 예카테리나 2세가 연인 그리고리 오를로프에게 선물 받은 190캐럿 '오를로프 다이아몬드'가 있다.

모스크바에 블라디미르 1세 동상을 세운 이유

내가 방문했을 때 크렘린 밖의 보로비츠카야 광장에 '블라디미르 1세 동상'을 건립하는 문제를 두고 한창 논란이 일었다. 보로비츠카야 광장은 크렘린 보로비츠카야 타워와 마주 보고 있는 곳이다. 귀국한 뒤 얼마 되지 않아 블라디미르 1세 동상 제막식이 열렸다는 언론 보도를 보았다. 당연히 푸틴도 참석했다. 지금의 우크라이나 수도인 키예프 공국의 대공이었던 블라디미르 1세는 988년 기독교를 국교로 삼으며 러시아의 정체성을 확립한 인물이다. 러시아 최초의 국가인 키예프 공국은 '키예프 루시'라고 하는데, 러시아라는 이름은 여기의 '루시'에서 나왔다. 슬라브족 가운데 동슬라브족인 러시아와 우크라이나, 벨라루스는 '키예프 공국'에서 갈라진 3형제 국가로, 블라디미르 1세가 국교로 삼은 러시아 정교회를 믿는다.

블라디미르 1세가 국교를 정하는 과정에 얽힌 재미난 이야기가 있다. 12세기 초의 러시아 역사서 《원초 연대기》에는 이런 기록이 있다. 다양한 토속신앙을 믿던 키예프 루시가 국가 통합을 위해 국교를 정한다는 소식이 전해지자 여러 종교가 '나요, 나!'라며 손을 들고 찾아왔다. 첫 번째로 찾아온 유대교는 나라 잃은 민족의 종교라는 이유로 단박에 탈락했고, 이슬람교는 러시아인이 좋아하는 술을 금지한다는 이유로 탈락했다. 이제 서방 기독교인 로마 교황청의 가톨릭과 동방 기독교인 비잔틴제국의 그리스 정교회만 남았다. 그런데 로마에 파견한 사신은 가톨릭 의식에 대해 "아무런 영광도 보지 못했다"라고 보고한 반면, 콘스탄티노플에 갔던 사신은 하기아 소피아 성당(성 소피아 성당)을 방문하고는 "천상인지 지상인지 알 수 없었다"라며 감격에 겨워 보고했다. 러시아는 성스러운 예배 의식의 그리스 정교회를 국교로 받아들였다. 그 뒤 러시아는 로마 가톨릭의 폴란드와 반목하게 되고 서유럽과 점점 멀어졌다. 러시아 정교회는 애초 국가의 필요에 따라 도입한 종교이다 보니 종교가 국가 권력을 정당화하는 역할을 했다. 러시아 정교회가 농노제나 차르 체제 등 사회 문제에 대해 거의 저항하지 않은 이유도 바로 여기에 있다.

문제는 원조 블라디미르 1세 동상이 이미 우크라이나 키예프의 드네프르강 언덕에 세워져 있는데, 국교 선택과 아무런 관련이 없는 모스크바에 블라디미르 1세 동상을 굳이 새로 세울 필요가 있느냐는 것. 예전에 키예프를 여행할 때 커다란 십자가를 들고

서 있는 원조 블라디미르 1세 동상을 본 적이 있다. 러시아는 이미 2015년 모스크바에서 남쪽으로 300킬로미터 떨어진 작은 도시 오룔에 폭군 이반 4세의 동상을 세워 논란이 된 바 있다. 블라디미르 1세와 폭군 이반 4세의 동상은 '강력한 지도자'의 상징이다. 블라디미르 1세, 폭군 이반 4세, 그리고 '21세기 차르' 푸틴. 이제 연결고리가 보이는가? 우연하게도 푸틴의 이름이 블라디미르이다. 블라디미르 1세 동상은 결국 두 명의 '블라디미르'를 찬양하는 것이 아닌가? 러시아에 전제 정치의 어두운 그림자가 되살아나면서 '동상 정치'에 대한 우려도 커지고 있다. 이러다 살아 있는 푸틴의 동상을 보게 되진 않을까?

레닌과 홍범도

차르의 종을 끝으로 크렘린과 작별 인사를 나누고, 붉은 광장으로 가기 위해 스파스카야 타워로 향했다. 오른쪽에 타이니츠키 정원이 있다. 유리 가가린이 1961년 역사적 우주 비행을 기념해 심은 떡갈나무가 있는데, 그 나무 이름이 '코스모스'(우주)다. 가가린의 큰딸 옐레나 가가리나는 현재 크렘린 박물관의 관장이다. 리비아 국가원수 무아마르 카다피는 권좌에서 쫓겨나기 전인 2008년 러시아를 국빈 방문했을 때 이곳 타이니츠키 정원에 베두

크렘린의 타이니츠키 정원

인 사막 텐트를 설치하고 묵었다. 당시 러시아에서 최신예 전투기와 탱크를 구매하고 돌아간 카다피는 3년 뒤 쫓겨났다. 권력은 총구가 아니라 민심에서 나오는 법.

타이니츠키 정원을 지나 크렘린을 걸어가는데, 왠지 썰렁한 느낌이 들었다. 2001년 왔을 때와는 달리 대통령 집무실 앞이 텅 비어 있었다. 옛 소련의 최고의회(최고 소비에트) 건물이 사라지고, 그 자리에 녹지와 화단으로 가꾼 이바노프스카야 광장이 새로 들어서 있었다. 2015년 옛 최고의회 건물을 해체하고, 원래 그 자리

크렘린의 대통령 집무실(왼쪽)과 스파스카야 타워(오른쪽)

에 있었던 수녀원과 작은 궁전을 복원하는 방안을 논의하고 있다고 한다. 러시아식 역사 바로 세우기다.

'구세주 탑'이라는 뜻의 스파스카야 타워에 도착했다. 그런데 총을 든 군인이 입구에서 돌아가라고 손짓한다. 2015년부터 이 문을 통해 붉은 광장으로 나갈 수 있다고 했는데, 무슨 일일까? 러시아어를 못하니 그 이유를 물어볼 수도 없고, 하는 수 없이 처음 들어왔던 트로이츠카야 타워로 발길을 돌렸다. 푸틴 대통령 집무실은 여전히 경비병들이 눈을 동그랗게 뜨고 지키고 있었다.

크렘린은 레닌 시절 피식민지 해방의 희망이었다. 1922년 1월 모스크바에서 열린 극동인민대표대회(원동피압박민족대회)에 참석한 봉오동 전투의 영웅 홍범도와 이동휘, 김규식, 여운형 등이 레닌을 면담한 장소도 크렘린 접견실이다. 당시 고려혁명군 대표 자격으로 참석했던 홍범도는 별도로 레닌을 만나 직접 모제르 권총을 선물 받았다. 이들은 소련의 도움으로 조선이 곧 독립할 수 있다는 기대를 안고 크렘린을 나섰다.

원래 크렘린은 1147년 모스크바를 창건한 키예프 루시 대공 유리 돌고루키의 별장촌이었다. 돌고루키가 어떻게 생겼는지 궁금한 사람은 트베르스카야 거리의 모스크바 시청 건너편 광장으로 가라. 도시 창건 800주년을 기념해 세운 돌고루키 기마상을 볼 수 있다. 돌고루키는 모스크바강이 내려다보이는 이곳 보로비츠키 언덕 꼭대기에 별장을 지었다. 모스크바 역사의 시작이다. 별장촌은 외적의 침입을 막기 위한 요새로 바뀌면서 크렘린으로 불렸다. '크렘린кремль'은 원래 '성채'라는 일반명사인데, 모스크바 크렘린Кремль은 러시아 곳곳에 있는 다른 크렘린과 구별하기 위해 첫 글자를 대문자로 쓴다. 공산주의 시절, 크렘린은 잔인한 권력 투쟁과 음모의 상징으로 악명이 높았다. 소련이 망한 지금도 크렘린은 '속을 알 수 없는 음흉한 사람'의 대명사처럼 쓰인다. 어떻든 크렘린은 '붉은 광장'만큼이나 억울하다.

붉은 광장은 억울하다

러시아 비목

트로이츠카야 타워를 지나 크렘린 밖으로 나왔다. 크렘린만큼이나 억울한 '붉은 광장'으로 가는 길이다. 알렉산드르 정원을 따라 걷다 보면 오른손에 십자가를 든 성직자 동상을 만난다. 러시아 사람들이 가장 존경하는 게르모겐 총주교다. 그는 1612년 폴란드 침략군이 크렘린을 점령하자 국민 총궐기를 촉구하다 감옥에 갇혀 죽었다. 그때 의용군을 이끌고 봉기한 인물이 붉은 광장에서 만나게 될 푸주한 미닌과 대공 포자르스키. 게르모겐은 순교하면서 다음 차르로 미하일 로마노프를 천거했는데, 1917년까지 300년 동안 통치한 로마노프 왕조의 시작이었다. 게르모겐 동상 뒤로는 나폴레옹과의 조국 전쟁 승리를 기념해 만든 로마노프 오벨리스크와 신전 모양의 '폐허의 석굴'이 있다.

정원 맞은편으로는 지붕에 환풍구가 있는 황제의 마구간이 있고, 그 옆으로 아케이드와 쇼핑몰이 늘어서 있다. 사계절을 의미하는 네 마리 말의 '사계 분수'는 시원한 물줄기를 마구 뿜어내고 있었다. 쇼핑몰 앞으로는 서울 청계천 같은 하천이 흐르는데 모스크바강으로 흘러가는 네글린나야강이다. 지금은 모두 복개된 하천 중에서 일부 구간만 이렇게 인공 개천으로 만들었다. 크렘린은 이 네글린나야강을 해자 삼아 지은 성채다. 인공 개천에서 러시아 어린이 네댓 명이 첨벙첨벙 물장구를 치며 놀고 있었다.

알렉산드르 정원 끝에 다다랐다. 제2차 세계대전 때 숨진 무명용사의 묘가 발길을 멈춰 세웠다. 경비병들이 좌우에서 마네킹처럼 서서 지키고, '꺼지지 않는 불꽃'이 활활 타오르고 있었다. 무명용사의 대리석 관에는 이름 모를 용사의 철모와 군기가 조각되어 있다. 모스크바를 방문한 외국 정상들이 헌화하는 장소다. 제2차 세계대전 때 희생당한 러시아인이 2,000만 명이나 된다고 하니, 신혼부부들이 결혼식 뒤 꽃을 바치는 순례지가 되기에 충분하다. 비석에는 가슴 뭉클한 글귀가 새겨져 있다. "당신의 이름은 모르지만, 당신의 용맹함은 영원합니다." 나는 무명용사의 묘를 볼 때마다 우리 가곡 〈비목〉이 들리는 듯해서 가슴이 벅차오른

무명용사의 묘

다. "비바람 긴 세월로 이름 모를 이름 모를 비목이여. … 서러움 알알이 돌이 되어 쌓였네." 산속 깊이 십자 나무가 세워진 무명용사 돌무덤의 비목이 어디 휴전선에만 있으랴.

붉은 광장으로 들어가는 마네지 광장에 도착했다. 마네지는 프랑스어로 '승마장'이라는 뜻인데, 이곳 황제의 마구간이 옛날 실내 승마장으로 쓰였기 때문이다. 국립역사박물관 앞 마네지 광장에는 제2차 세계대전 당시 독일을 물리친 주코프 장군의 기마상이 '러시아는 내가 지킨다'는 다부진 표정으로 서 있다. 1812년

마네지 광장의 주코프 장군 기마상

조국 전쟁의 영웅이 쿠투조프 장군이라면, 제2차 세계대전 대조국 전쟁의 영웅은 주코프 장군이다. 상트페테르부르크의 표트르 대제 기마상은 뒷발굽으로 스웨덴을 상징하는 뱀을 밟고 있는데, 주코프 장군 기마상의 말발굽은 나치 깃발을 짓밟고 있다. 소련은 1945년 7월 24일 붉은 광장에서 제2차 세계대전 승전을 기념하는 대규모 행진을 했는데, 선두의 주코프 장군은 백마를 타고 광장에 입장하며 손을 들어 군대를 사열했다. 당시 모습이 그대로 주코프 기마상으로 남았다. 역시 동상은 역동적인 기마상이 최고다.

늠름한 주코프 장군을 뒤로하고 붉은 광장 입구로 다가갔다. 무슨 약장수가 약을 팔러 왔는지 많은 사람이 모여 한곳을 빙 둘러싸고 있었다. 이 무더운 날씨에, 더구나 역사적인 장소에서 뱀이나 회춘약을 팔 리는 없다. 역시 옛날 시골 장터에서 봤던 약장수나 방물장수, 각설이, 장돌뱅이는 보이지 않았다. 사람들이 둘러싼 곳에는 광장 바닥에 십이간지 비슷하게 동물들을 새겨 놓은 둥근 동판이 있었다. 모스크바 지도의 정중앙이며, 도로의 기점을 나타내는 표지판이다. 모스크바의 배꼽인 셈인데, 실제로 모스크바는 이 표지판을 중심으로 여러 개의 원형 순환도로로 둘러싸인 방사형 도시다. 모스크바의 중심인 이 동판에 동전을 던져 넣으면 행운이 온다고 믿기에 사람들은 동전을 던지거나 동판 위에 서서 기념사진을 찍고 있었다. 운수를 바라는 것은 어느 나라나 마찬가지다. 그 틈에 짭짤한 재미를 보는 사람도 있었으니, 관광객이 던진 동전을 옆에 있는 집시 할머니가 날름날름 주워 먹고 있었다.

붉은 광장으로 들어가는 부활의 문(바스크레센스키 문)은 국립역사박물관과 1812년 조국 전쟁 박물관 사이에 있다. 붉은 광장으로 들어가기 전에 러시아 역사를 알고 들어가라는 심오한 뜻이 있을 줄이야. 나는 오른쪽으로 눈길 한번 줘서 러시아 역사를 대

붉은 광장으로 들어가는 부활의 문

충 공부하고, 다시 왼쪽으로 눈길 한번 줘서 조국 전쟁을 얼렁뚱땅 공부했다. 벼락치기 공부에서 대한민국을 따라올 나라가 없는데, 나는 그 주입식 학습에서 살아남은 사람 아니던가? 한국의 주입식 학습은 모스크바에서도 통했다. 놀랍게도 나는 부활의 문을 무사히 통과했다. 실은 출입 검색대에서 '삐익' 하는 경고음과 함께 '학습 부족'이라고 뜨면서 나를 막아설까 봐 지레 겁먹었는데…. 이상해서 뒤를 돌아보니 부활의 문에는 어떤 검색대도 없었다.

붉은 광장, '빨갱이 광장'이 아니라 '아름다운 광장'

왼쪽으로 상트페테르부르크에서 보았던 카잔의 성모를 기리는 카잔 성당이 앙증맞은 모습을 드러냈다. 저 아기자기하고 귀여운 성당이 한때는 공중화장실로 사용되었다는 놀라운 사실을 아는가? 스탈린은 군사 행진에 걸리적거린다며 1936년 카잔 성당을 허물고 그 자리에 공중화장실을 지었다. 종교는 인민의 아편이었으니까. 카잔 성당 자리는 한때 코민테른이라는 국제 공산당 기구의 사무실로 사용되었고, 그 뒤 여름 카페로 사용되다 소련 몰락 이후인 1993년에야 본래 모습으로 복원되었다. 스탈린이 할퀴고 간 흔적이다.

마침내 붉은 광장이다. 모스크바의 모든 길은 붉은 광장으로 통한다. 머릿속에 붉은 광장의 모습이 그려졌다. 넓은 운동장이 바다처럼 펼쳐진다. "붉은 광장이다!" 나는 이렇게 탄성을 지를 만반의 준비를 하고 있었다. 처음 모스크바를 방문했을 때 그런 모습의 붉은 광장을 보았기 때문이다. 그런데 아뿔싸, 눈앞에 보이는 붉은 광장은 그런 모습이 아니었다. 활주로처럼 길게 펼쳐졌던 붉은 광장은 어디로 사라지고, 철제 울타리가 광장을 가로막고 있었다. 8월 27일 열리는 세계 군악대 축제를 닷새 앞두고 무대를 설치하느라 광장 출입을 통제하고 있었다. 크렘린 스파스카야 타워에서 붉은 광장으로 나가는 문을 막은 이유도 이 행사 때문이었다. 붉은 광장에서는 이런 국제 행사뿐 아니라 매년 5월 9일 제2차 세계대전 전승 기념 퍼레이드 등 주요 국가 행사가 펼쳐진다. 붉은 광장은 러시아 역사를 목격한 산증인이다. 이동휘, 박진순 등 고려공산당 대표들이 1921년 11월 3일 레닌과 트로츠키가 참석한 가운데 열린 러시아 10월 혁명 3주년 기념 퍼레이드를 참관한 곳도 바로 붉은 광장이다.

붉은 광장의 멋을 제대로 느끼려면 이런 행사가 없을 때 와야 한다. 붉은 광장의 아름다움은 그 광활함에 있기 때문이다. 붉은 광장은 길이 695미터, 폭 130미터의 넓은 운동장이다. 이탈리아 로마의 성 베드로 광장, 베네치아의 산마르코 광장, 프랑스 파리의 콩코르드 광장, 중국의 톈안먼 광장과 어깨를 나란히 하는 세계적 광장이다. 붉은 광장을 걷는 재미는 이루 말할 수 없다. 광활함이 가져다주는 시원함과 통쾌함이 가슴으로 밀려온다. 처음 붉은 광장에 섰을 때 느꼈던 감동을 잊을 수 없다. 험한 산을 넘어 마침내 넓은 평원을 바라보는 중세 기사의 마음이었다.

아쉽지만 어쩔 수 없었다. 철제 울타리 너머로 붉은 광장을 바라보았다. 붉은 광장을 중심으로 왼편의 굼 백화점이 그 웅장함을 자랑하고, 오른편으로는 레닌 영묘와 크렘린 벽이 옛 모습 그대로 지키고 있다. 붉은 광장의 끝에 있는 성 바실리 성당도 붉은 광장의 꽃은 자신이라며 여행자를 유혹한다. 붉은 광장에 왔으니

국제 행사 무대로 변한 붉은 광장

직접 걸으면서 주변을 둘러봐야 한다. 철제 울타리를 따라 붉은 광장을 걸었다. '붉은 광장'이니 당연히 바닥에 붉은 돌이 깔려 있지 않을까 짐작하지만, 천만의 말씀이다. 그냥 검은 돌이 벽돌처럼 깔려 있다. 대개 붉은 광장 하면 광장이 붉은색이거나 소련 공산당 시절 만든 광장쯤으로 생각한다. 이게 다 '빨갱이' 탓이다. 붉은 광장은 이미 15세기 말부터 시장과 광장으로 사용되었으니, 한참 뒤의 일인 《공산당 선언》이나 볼셰비키 혁명의 붉은 이미지하고는 아무 관련이 없다. 17세기에 이곳 광장의 지저분한 시장을 깨끗이 정리한 적이 있는데, 사람들이 몰라보게 아름답게 변한 광장을 보고 '크라스나야 광장'이라 불렀다. 고대 러시아어 '크라스나야'는 '붉다'라는 뜻도 있지만 원래 '아름답다'는 뜻이다. 그런데 시간이 지나면서 '아름답다'는 뜻은 사라지고 '붉다'라는 의미만 남게 되었으며, 그것이 영어로 '붉은 광장 Red Square'이라고 번역되었고, 거기에다 빨강을 상징으로 하는 공산주의 볼셰비키 정권이 들어섰다. 그러면서 엉뚱하게도 공산주의와 이래저래 엮이게 되었다. 붉은 광장은 '빨갱이 광장'이 아니라 그냥 '아름다운 광장'이다.

죽어서도 잠들지 못하는 레닌

붉은 광장 중간쯤 다다랐을까? 크렘린 성벽 쪽으로 피라미드 연단 모양의 건물이 눈에 들어왔다. 붉은색과 검은색 화강암으로 된 건물은 아무리 봐도 붉은 광장과 어울리지 않았다. 건물 앞 문패를 보니 주인이 '레닌'이다. 레닌이 방부 처리된 채 미라로 누워 있는 영묘다. 세계 최초로 공산주의 혁명을 이룬 러시아 혁명가, 소련 공산당 초대 서기장, 소련 최초의 국가원수…. 레닌은 이런 거추장스러운 직함을 벗어던지고 1924년 1월 21일 영원한

레닌 영묘

잠에 들었다. 영묘에 들어가면 레닌이 슬며시 관에서 일어나 여러분에게 인사말을 할지도 모른다. "요즘 눈을 씻고 공산주의 국가를 찾으려 해도 보이지를 않아. 그래서 내 마음이 편치가 않네." 레닌의 시신이 안치된 영묘는 항상 개방하는 것이 아니라 관람 날짜와 시간이 제한되어 있으니 사전에 인터넷을 통해 확인해야 한다.

레닌은 죽어서도 죽지 못했다. 죽은 자가 마치 산 자처럼 화장을 하고 있으니 말이다. 이것은 레닌의 뜻이 아니었다. 레닌은 자신이 죽으면 어머니가 잠들어 있는 상트페테르부르크의 볼코보 공동묘지에 묻어달라고 했다. 평생 투옥과 유배, 망명으로 집을 떠나 있던 레닌이 10월 혁명으로 소련 최고 지도자가 되기 한 해 전인 1916년에 어머니가 죽었으니, 임종도 못 지킨 어머니에 대한 그리움이 얼마나 컸겠는가? 그러나 스탈린은 레닌을 그냥 놔두지 않았다. 스탈린은 레닌 우상화를 통해 결국 승계자인 자신의 우상화를 꾀했다. 레닌의 주검을 미라로 만들어 영구 보존하겠다는 스탈린의 결정은 그런 정치적 의도에서 비롯했다. 옛 소련 지도자들은 붉은 광장의 대규모 행사 때 레닌 영묘를 단상으로 이용했는데, 레닌의 정통성을 자신들이 잇고 있다는 과시였다. 혁명의 소용돌이 속에 살아온 레닌은 죽어서도 프로파간다의 회오리바람에 휩싸였다.

레닌의 잘못된 사후는 연쇄 추돌 사고를 일으켰다. 고대 이집트 파라오처럼 미라일망정 영생을 꿈꾸는 공산주의 제자들이 잇따랐다. 베트남의 호찌민에 이어 중국의 마오쩌둥, 북한의 김일성과 김정일, 그리고 2013년 베네수엘라의 우고 차베스까지. 왜 공산주의 지도자들은 죽어서도 흙으로 돌아가지 못하고, 산 사람처럼 눈을 뜨고 있어야 할까? 마치 죽어서도 인민에게 내려야 할 특별 교시가 있는 것처럼. 설마 역사적 유물사관의 공산주의 지도자들이 이집트 파라오처럼 영혼 불멸을 믿는 것은 아니겠지?

새로운 세상을 꿈꾼 사회주의 이상이 고작 지도자의 미라로만 남는다면, 한때 그 혁명적 이상에 열광했던 젊은이들에게 너무 허망한 유산이 아닐까?

시대가 바뀌고 때가 왔다. 1991년 소련 몰락 이후 레닌의 유언대로 시신을 상트페테르부르크 어머니 묘 옆으로 옮겨야 한다는 주장이 터져 나왔다. 일부 공산당 지지자의 반대로 레닌 묘를 이장하지는 못했으나 언젠가 레닌의 유언이 이뤄질 테다. 모든 생명은 흙에서 왔으니 흙으로 돌아가는 것이 자연의 섭리다. 이제 유리관 속에 정치적 볼모로 잡혀 있는 레닌을 놓아줄 때가 되었다. 미라도 해방하지 못하면서 어떻게 살아 있는 프롤레타리아를 해방하겠는가?

레닌 묘 뒤쪽에 있는 크렘린 성벽의 '크렘린 벽 묘지'에는 레닌을 정치적으로 이용했던 소련 지도자들이 잠들어 있다. 스탈린과 브레즈네프, 안드로포프, 체르넨코…. 브레즈네프에게 축출당한 흐루쇼프는 여기에 묻히지 못하고 러시아 초대 대통령 옐친과 함께 노보데비치 수도원 묘지에 안장되었다. 스탈린은 1953년 죽은 뒤 한때 레닌 영묘에 미라로 나란히 놓였으나 흐루쇼프의 스탈린 격하 운동으로 1961년 화장되어 크렘린 벽 묘지로 쫓겨났다. 스탈린 흉상 앞에 한 다발 꽃이 놓여 있었다. 씁쓸함을 지울 수 없었다. 우리에게 스탈린은 히틀러에 버금가는 독재자일 뿐이지만 러시아에서는 제2차 세계대전을 승리로 이끌고 냉전 시대 러시아를 미국에 맞서는 초강대국으로 발전시킨 인물로 높이 평가하는 여론도 있다니….

크렘린 벽 묘지는 애초 크렘린을 방어하는 늪지대의 해자였는데, 1917년 10월 볼셰비키 혁명 때 희생당한 사람들을 위한 혁명 묘지로 만들었다. 이곳에 소련 지도자들만 있는 것은 아니다. 초대 KGB 의장 제르진스키, 제2차 세계대전의 영웅 주코프 장군, 작가 막심 고리키, 레닌의 부인 나데즈다 크룹스카야와 여동생 마리아 일리이니치나 울리야노프, 1917년 볼셰비키 혁명 과정을 담은 르포 《세계를 뒤흔든 열흘》로 유명한 미국 언론인 존 리드…. 그리고 이곳에는 최초의 우주인 유리 가가린 등 여섯 명이 안장된 '우주 영웅 묘'가 따로 있는데, 지금도 러시아 우주 비행사들이 우주로 날아가기 전에 반드시 참배하는 장소다.

붉은 광장의 역사 바로 세우기

붉은 광장과 크렘린은 공산주의 통치 기간에 너무 정치화되었다. 모든 건물에 섣부른 이념과 이데올로기의 옷을 입혀 '건물의 정치화' '외관의 이념화'로 도배해버렸다. 크렘린 지붕 위에는 '붉은 기'가 휘날렸고, 스파스카야 타워에는 '붉은 별'이 반짝였다.

이승원의 《세계로 떠난 조선의 지식인들》에는 1930년대 모스크바의 모습을 묘사한 글이 실려 있다.

"모스크바는 거리마다 벽마다 종이를 붙였다. 그리고 그 종이에는 빨간 글자로 무엇이니 무엇이니 하고 노동자 ××××, 제국주의 ××××하고 써 붙였는데 모스크바는 종이 천지요 빨간 글자 천지였다."

여기서 '노동자 ××××' '제국주의 ××××'는 '노동자 단결하라' '제국주의 타도하자'가 아닐까? 당시 모스크바를 온통 붉은 글자로 물들였던 흔적이 지금도 남아 있다. 역사 바로 세우기가 필요한 곳은 레닌 묘만이 아니다. 크렘린의 크렘린 대회 궁전과 크렘린 벽 묘지는 말할 필요도 없고, 크렘린과 붉은 광장을 연결하는 스파스카야 타워 꼭대기에 매달린 별 조형물도 그렇다.

우리가 제야의 종소리를 들으러 서울 종로 보신각으로 가듯 스파스카야 타워는 매년 12월 31일 자정 무렵 새해의 첫 종소리를 듣기 위해 몰려드는 사람들로 북적인다. 스파스카야 타워의 종루에 매달린 종이 매시간 울리기 때문이다. 이 소리가 모스크바 표준시를 가리키는 '크렘린 차임'이다. 스파스카야 타워 꼭대기에는 애초 제정 러시아의 문장인 쌍두 독수리상이 앉아 있었는데

크렘린 차임인 스파스카야 타워

1935년 스탈린 시대에 공산주의의 상징인 별로 바꿔버렸다. 그 별을 빨간색 루비 유리를 가공해 만들었기에 '루비 스타'라 부른다. 크렘린의 다른 다섯 개 타워도 마찬가지다. 러시아의 문장이 소련 몰락 이후 별 모양에서 제정 러시아의 쌍두 독수리로 바뀌었으니 이제 크렘린 타워에서 루비 스타는 내려오고 독수리가 올라가야 한다.

러시아 최고 학술기관인 러시아과학아카데미는 2006년 러시아가 나아갈 미래에 대해 〈역사의 선고〉라는 이름의 보고서를 발표했다. "주권국 러시아는 공산주의적 유토피아, 적색 테러와 사회주의 혁명 수출의 상징과 같은 마르크스, 엥겔스, 레닌, 스탈린과 결별하지 않고서는 성공적인 민주주의적 발전의 길로 나아갈 수 없다. 역사학자들의 결론에 따르면, 레닌과 스탈린은 인류에 반하여 시효가 없는 범죄를 저질렀다." 소련 공산주의와의 역사적 단절을 통한 새로운 러시아의 '보편적 민주주의 선언'이었다. 역사 바로 세우기의 방향은 이미 세워졌다.

카잔차키스·지드·나혜석 vs 이태준·이기영·오장환

붉은 광장을 바라보노라니 해방 뒤 이태준과 이기영이 이곳에서 감격에 겨워하던 장면이 떠올랐다. 오래전 이태준의 《소련기행》을 읽으며 가슴이 먹먹했던 기억이 되살아났다. 안타까웠다. 이미 축구 시합에서 진 것을 알고 있는데, 아나운서와 해설자가 승리의 가능성을 열변하는 녹화 방송을 보는 듯한 씁쓸함이었다. "모스크바여! 붉은 광장이여! 영원한 승리와 명예의 도시와 광장이여!" 1946년 8월 모스크바를 방문한 이태준은 《소련기행》에서 이렇게 붉은 광장을 중계했다.

"참으로 황홀한 수개월이었다. 인간의 낡고 악한 모든 것은 사라졌고, 새 사람들의 새 생활, 새 관습, 새 문화의 새 세계였다. 그리고도 소련은 날로 새로운 것에로, 마치 영원한 안정체, 바다로 향해 흐르는 대하처럼 끊임없이 나아가고 있었다."

사회주의 리얼리즘으로 무장한 이태준에게 비친 소련은 새로운 인간형의 지상낙원이었다. 이태준과 함께 소련을 방문했던 이기영과 1949년 모스크바를 방문한 월북 시인 오장환도 마찬가지였다.

이미 20여 년 전 나혜석조차 별 매력을 느끼지 못했던 모스크바에 이들이 매료된 것은 무엇 때문일까? '상투 양반' 민영환이 조선인 최초로 모스크바를 방문한 뒤로 30여 년이 흘러 '신여성' 나혜석이 이곳을 찾았다. 1927년 시베리아 횡단열차를 타고 프랑스 파리로 가는 길이었다. 나혜석이 바라본 혁명의 도시, 모스크바는 결코 지상낙원이 아니었다.

"모스크바 시가는 너절하다. … 사람들은 모두 실컷 매 맞은 것같이 늘씬하고 아무려면 어떠랴 하는 염세적 기분이 보인다. … 내용을 듣건대 비참한 일이 많으며 외국 물건이 없어서 국내산으로만 생활케 됨으로 물가가 고등高騰하고 불편한 점이 많다고 한다."

나혜석이 바라본 소련은 각각 1925년과 1936년 이곳을 찾은 그리스의 니코스 카잔차키스와 프랑스의 앙드레 지드의 시각과 같았다. 당시 서구의 대표적 공산주의자였던 카잔차키스와 지드는 소련의 전체주의와 획일성에 크게 실망했다. 다음은 지드가 여행기 《소련 기행》에서 바라본 당시 소련의 모습이다.

> "몰개성화를 진보라고 간주할 수는 없다. … 나는 오늘날 그 어느 나라에서, 심지어 히틀러의 독일에서조차 인간 정신이 이렇게 부자연스럽게 짓눌리고 공포에 떨면서 종속되고 있을까 하는 의문을 갖게 되었다."

지드는 소련 방문 이후 프랑스 공산당을 탈퇴했다. 카잔차키스와 지드, 나혜석이 바라본 붉은 광장과 이태준과 이기영, 오장환이 바라본 붉은 광장은 이렇게 달랐다. 이태준과 이기영, 오장환의 지나친 관념적 이상주의가 현실을 바라보는 냉철한 통찰력을 가로막았던 것은 아닐까? 문학은 어떤 이념의 도구도 될 수 없다. 이태준과 이기영, 오장환이 시간 여행을 통해 망해버린 소련의 현실을 바라본다면 어떤 생각을 할까?

장하도다! 스텐카 라진의 최후

레닌 영묘를 지나 성 바실리 성당으로 가다 보면 하얀 돌로 쌓은 둥근 연단을 만난다. 큰 우물 같기도 하고 말발굽 같기도 한 '로브노에 메스토'다. 연단은 차르가 칙령을 반포하던 장소이고, 연단 아래는 반란자들을 무참히 처형하던 피비린내 나는 숙청의 장소였다. 1560년대에 폭군 이반 4세는 자신에게 반대하는 보야르(대귀족)들을 이곳에서 잔인하게 고문하고 처형했으며, 1671년 볼가강의 카자크 농민지도자 스텐카 라진은 사지가 갈가리 찢기는 죽임을 당했다. 그는 끔찍한 고문에도 신음 한번 내지 않고 비굴하게 생명을 구걸하지 않았다. 죽음 앞에서 그렇게 당당하고 의연한 사람은 없었다. 스텐카 라진은 죽었지만, 그는 노래로 남아 압제에 저항하는 러시아 민중의 심장 속에 영원히 살아 있다. 내가 대학 시절 즐겨 부르던 노래의 주인공 스텐카 라진은 죽어가면서도 나를 실망시키지 않았다. 장하도다, 스텐카 라진!

1698년 표트르 대제는 반란을 일으킨 황실 친위대 스트렐치를 여기서 집단 처형했다. 스트렐치 처형 장면은 역사화가 바실리 수리코프가 1881년 그린 〈친위병(스트렐치) 처형 날의 아침〉에 잘 나타나 있다. 억울한 죽음의 자리에는 언제나 해원이 있기 마련. 40대 중반의 러시아 부부가 로브노에 메스토 연단으로 동전을 던지고 있었다. 억울하게 죽어간 수많은 영혼을 위로하는 거란다.

미닌·포자르스키 동상

그들 나름의 러시아식 씻김굿이다.

성 바실리 성당 앞에는 두 명의 의병 대장 동상이 서 있다. 게르모겐 총주교의 국민봉기 촉구에 따라 1612년 의용군을 이끌고 들어와 크렘린에서 폴란드 침략군을 물리쳤던 푸주한 쿠즈마 미닌과 대공 드미트리 포자르스키 동상이다. 대공 포자르스키는 폴란드 침략군을 물리친 뒤 로브노에 메스토에 올라 모스크바 해방을 선언했다. 칼집과 방패를 든 미닌과 포자르스키 동상 아래에는 모스크바 시민들의 헌사가 새겨져 있다. "시민 미닌과 포자르스키에게 러시아가 감사의 마음을 전하다. 1818년." 그런데 애꿎게도 이들 동상이 성 바실리 성당 바로 앞에 세워져 아름다운 성당의 전망을 가로막고 있다. 상트페테르부르크 '피의 사원'의 전망을 전선이 망치듯 성 바실리 성당의 전망은 이들 동상이 망치고 있다.

애국적인 미닌과 포자르스키가 심술궂게 성 바실리 성당의 전망을 훼방 놓을 리 없다. 그러면 그렇지. 역시 스탈린의 유물이었다. 미닌과 포자르스키 동상은 애초 1818년 붉은 광장 한가운데에 세웠으나 스탈린이 1936년 군사 행진에 방해가 된다는 이유로 이곳으로 옮겼다. 이 동상으로 성 바실리 성당을 아예 가려버리려 했던 것은 아닐까? 카잔 성당을 허물고 공중화장실로 만든 스탈린이니 무슨 짓인들 못 할까? 레닌 묘가 이전하면 미닌과 포자르스키 동상을 그 자리로 옮기면 어떨까? 딱이다!

마법의 성, 성 바실리 성당

뭐니 뭐니 해도 붉은 광장의 꽃은 성 바실리 성당이다. 붉은 광장의 동남쪽 끝자락에 있는 성 바실리 성당 앞에 섰다. 멀리서 보나 가까이 보나 그 아름다운 자태는 변함없었다. 팔각형 첨탑을 가운데 놓고 아홉 개의 양파 돔이 빚어내는 조화는 첫눈에 봐도 오묘하고 신비롭다. 마치 모닥불처럼 하늘로 활활 타오르는 모양의 돔은 우리를 순식간에 마법의 성으로 이끈다. 칸딘스키가 꿈속에서 소용돌이치는 도시로 모스크바를 묘사한 이유가 여기에 있다. 성 바실리 성당은 크렘린 성당의 양파 돔과 크렘린 타워의 천막 첨탑이 절묘하게 어우러진 러시아 종교 건축의 효시다. 러시아의 전통 목조 건축 양식을 바탕으로, 비잔틴과 서유럽의 건축 양식, 이슬람의 건축 양식이 혼합된 독특한 건축 예술품이다.

성 바실리 성당의 백미는 다양한 모양의 양파형 돔이다. 양파를 닮은 돔은 천상에 봉헌하는 촛불의 이미지인데, 모양과 높낮이가 다르니 보는 거리와 각도에 따라 시시각각 다른 모습으로 변신한다. 색동옷을 입은 옥춘사탕이 하늘 위에 떠 있는 것 같기도 하고, 똬리를 튼 터번 같기도 하고, 하늘에 친 텐트 같기도 하고, 아티초크 봉오리 같기도 하고, 파인애플 같기도 하고, 시베리아 전나무 열매 같기도 하다. 어린아이의 눈에는 맛있는 눈깔사탕과 아이스크림, 풍선이 하늘에 매달린 것처럼 보일지도 모른다. 그만큼 성 바실리 성당은 천의 얼굴이고 만화경 같다. 가파르고 소용돌이치는 돔의 모양은 미적인 이유도 있지만, 겨울에 눈이 쌓이지 않고 바로 흘러내리게 하려는 실용적 목적도 있다고 전문가들은 말한다.

성 바실리 성당

모스크바를 방문하지 않은 사람도 성 바실리 성당은 마치 파리의 에펠탑처럼 친근하게 느껴질 테다. 1980년대 유행했던 게임 '테트리스'의 첫 화면이 바로 이 성당인데, 테트리스는 러시아 프로그래머가 만들었다. 우리나라 방송사의 모스크바 특파원이 뉴스를 전할 때 마지막을 장식하는 "지금까지 모스크바에서 전해 드렸습니다"라는 스탠딩 리포트의 배경화면에 단골로 등장하는 성당이기도 하다. 환상적이고 이국적인 성 바실리 성당은 러시아 건축의 얼굴이다.

화창한 늦여름의 파란 하늘이 펼쳐진 성 바실리 성당 지붕 위로 하얀 구름이 지나갔다. 나는 성 바실리 성당 앞에 서서 천천히 고개를 들어 올려다보았다. 이도령 눈앞에 어른거리는 춘향이처럼 정말 이리 봐도 예쁘고 저리 봐도 예쁘다. 하늘에서 내려다보면 성당 전체가 팔각형의 별 모양인데, '천국의 예루살렘'을 상징한다. 높이 65미터에 이르는 중앙의 팔각형 첨탑 예배당을 중심으로, 하나의 기단 위에 있는 여덟 개의 돔 아래 각각 독립된 여덟 채의 예배당이 둘러싸고 있다. 여기에 수도사 바실리가 묻혀 있는 '성 바실리 예배당'이 부속 건물로 추가됐다. 북쪽 정면을 기준으로 왼쪽의 가장 낮은 돔이 성 바실리 예배당이다. 이 예배당에 잠들어 있는 수도사 바실리는 가게 물건을 훔쳐 가난한 사람들에게 나눠주고 벌거벗은 채 쇠사슬을 몸에 감고 다니며 기행을 일삼았던 탁발 수도사다. 성 바실리 성당은 이 '바보 성인' 바실리에서 이름을 따왔다. 재미있게도 이 성당에는 또 다른 바보 성인인 '모스크바의 요안'이 동남쪽 부속 건물 아래 잠들어 있다. 성 바실리와 성 요안이라는 두 명의 러시아 바보 성인을 잊지 말자. 그러고 보니 성 바실리 성당은 바보들에게 바치는 속세의 선물이 아닌가?

그렇다면 바보 성인의 이름을 딴 성 바실리 성당을 건설한 차르는 어떤 사람일까? 바실리처럼 착한 성품의 성군이라고 생각했다면 착각이다. 가이드는 "옛날에는 성당을 지으면 그 사람의 죄가 없어진다고 믿었습니다. 그래서 죄가 큰 사람일수록 성당을 크고 아름답게 지었습니다"라고 말했다. 성 바실리 성당을 지은 차르는 누구일까? 아마도 러시아 역사상 가장 잔혹한 군주일 테다. 정답은 황태자인 아들까지 죽이는 등 공포 정치를 일삼았던 폭군 이반 4세. 그는 러시아 제국의 기틀을 마련하는 등 뛰어난 정치적 업적을 남겼지만, 무자비한 공포 정치로 악명이 높았다. 그래서 이름 앞에 '폭군' '뇌제'라는 수식어가 붙는다. 폭군 이반 4세는 몽골 타타르의 이슬람 카잔 칸국을 물리친 것을 기념해 1561년 성 바실리 성당을 완공했는데, 여기에는 평소 자신의 업보를 씻으려는 뜻도 있었으리라. 그 뒤 1737년 화재로 다시 지으면서 애초 소박했던 비잔틴식 헬멧 형태의 돔이 지금과 같은 화려한 양파 돔으로 다시 태어났다.

이반 4세는 말년에 '헤어 셔츠'(고행자들이 입는 거친 말총 옷)를 입고 옷깃에 살이 찢어질 정도로 기도하며 속죄했는데, 그가 기도하며 입었던 헤어 셔츠는 국립역사박물관에 전시되어 있다. 그는 아마 3세기 인도의 성왕 아소카를 닮고 싶었는지도 모른다. 왕권을 다투는 과정에서 100여 명의 형제를 죽인 '악의 화신' 아소카는 왕이 된 뒤 불교에 귀의해 붓다의 가르침을 널리 알린 성왕으로 칭송받았다. 폭군 이반 4세도 자신을 비판했던 수도사 바실리가 죽자 그의 관을 직접 메고 운반하는 등 회개하려고 노력했다. 그러나 아소카 왕은 즉위 즉시 회개했지만, 이반 4세는 죽음 직전에야 깨달았으니 너무 늦었던 것은 아닐까?

성당 내부로 들어갔다. 중앙의 '성모 전구傳求' 주예배당과 다른 여덟 개 독립 예배당은 모두 복도로 연결되어 있다. 미로처럼 좁은 통로로 연결된 복도의 벽은 이슬람 고유 양식인 꽃과 기하학 문양, 이콘과 성경의 내용을 담은 프레스코화, 비잔틴 양식의 모자이크로 장식되어 있다. 성당 안 작은 박물관에는 16~17세기 수도사들이 수행을 위해 찼던 족쇄와 사슬 등 다양한 물품이 전시되어 있다.

성당 밖으로 나와서 외벽을 구경하기 위해 한 바퀴 빙 둘러보았다. 자연석 벽돌로 쌓고 하얀 대리석으로 외벽을 치장했다. 외벽에는 꽃과 잎, 덩굴무늬 장식을 아름답게 그려 넣었다. 어쩌면 뒷모습도 이렇게 아름다울까? 뒤태가 고운 성 바실리 성당이여! 성당 안과 밖의 모습이 놀랍도록 경이롭다.

이처럼 아름다운 성당에 사연이 없을 리 없다. 이반 4세는 어느 날 성 바실리 성당을 지은 건축가 포스트니크 야코블레프를 불렀다. "똑같이 아름다운 성당을 다시 지을 수 있겠느냐?" 야코블레

모스크바강 쪽에서 바라본 성 바실리 성당. 오른쪽은 천막형 종탑

프는 손수 지은 건물이니 당연히 다시 지을 수 있다고 대답했다. 그러자 이반 4세는 그 자리에서 잔인하게 그의 두 눈을 뽑아버렸다고 한다. 그가 다시는 이같이 아름다운 성당을 짓지 못하도록. 그러나 야코블레프는 이반 4세가 죽은 뒤에도 다른 성당을 지었다는 역사적 기록이 있으니 전설은 역시 전설일 뿐이다. 그럼에도 이런 전설이 끊임없이 구전되는 것은 그만큼 성 바실리 성당이

아름답기 때문이다.

성당 뒤쪽에는 별채로 지은 천막형 종탑이 있다. 팔각 기단의 천막형 첨탑은 낡은 옛 종루를 헐고 새로 지은 종탑이다. 벽에 이콘이 붙어 있는데, 종탑 자체도 예배당 못지않게 아름답다. 나는 종탑 앞에서 모스크바강을 바라보았다. 상트페테르부르크에는 네바강이 흐르고, 모스크바에는 모스크바강이 흐른다. 야당 지도자 보리스 넴초프가 2015년 암살당한 볼쇼이 모스크보레츠키 다리가 보이고, 강 건너편에 '스탈린의 7자매' 예술인 아파트가 우뚝 솟아 있다.

키타이고로드, 나폴레옹과 초토화 전략

성 바실리 성당에 빼앗긴 눈길을 되돌리기까지 오랜 시간이 걸렸다. 러시아에 오기 전부터 이미 나를 완전히 홀렸으니까. 간신히 마음을 가다듬고 다음으로 찾아간 곳은 키타이고로드 지역이다. 나폴레옹을 물리친 초토화 전략의 현장으로, 굼 백화점 뒤쪽이다. 일린카 거리를 따라 키타이고로드 지하철역으로 가는데, 근처 빵 가게에서 구수한 냄새가 흘러나왔다. 나는 왜 이렇게 빵 냄새가 좋은지 모르겠다. 빵 가게 앞에서 갓 구운 빵 냄새를 맡으니 배가 이미 불러왔다.

키타이고로드 지역이 시작되는 굼 백화점

키타이고로드는 모스크바에서 가장 오래된 상업 지역인데 나폴레옹이 침략했을 때도 가장 번화한 상업 중심지였다. '키타이'가 러시아어로 중국을 의미하다 보니 '차이나타운'이라고 알려지기도 했는데, 사실 중국이랑은 아무 관련이 없다. 나뭇가지를 엮어 만든 성벽이란 뜻의 '키타'와 도시라는 뜻의 '고로드'가 합쳐진 말이라고 한다. 키타이고로드에는 옛날 크렘린을 보호하기 위해 쌓은 붉은 벽돌의 성벽이 일부 남아 있다. 재미난 점은 1812년 나폴레옹 당시에도 '차이나타운'으로 잘못 알고 있었다는 사실이다. 나폴레옹을 생각하자 키타이고로드의 웅장한 건물들이 갑자기 불꽃에 휩싸이는 장면이 떠올랐다. 당시 나폴레옹은 화재를 보고 불길한 예감을 느꼈지만, 이미 거미줄에 걸린 나비 신세였다. 쿠투조프 장군의 '초토화' 덫에 꼼짝없이 걸려들었다. 쿠투조프의 초토화는 오디세우스의 트로이 목마 이후 세계 전쟁사에서 가장 뛰어난 전략이었다. 메느발의 《나폴레옹의 모스크바 입성》에는 당시 나폴레옹이 느꼈을 참담함과 낭패감이 생생히 담겨 있다.

"황제가 크렘린으로 들어간 직후에 키타이고로드에서 불이 났다. '중국 도시'라고도 불리는 회랑으로 둘러싸인 이 거대한 시장 안에는 커다란 가게와 창고 안에 숄과 모피, 인도와 중국의 얇은 직물 등 온갖 종류의 귀중한 상품이 잔뜩 쌓여 있었다. 불을 끄려는 노력이 실패하고 있는 동안 이 시장의 불길을 신호로 삼은 것처럼 온 도시의 여러 곳에서 한꺼번에 불이 났다.

이 대화재는 급속히 확산되어 사흘 동안에 모스크바의 4분의 3을 삼켜버렸다. 1초가 지날 때마다 지금까지 괜찮던 집 하나에서 연기가 나기 시작하고 뒤이어 불꽃이 일어나는 것을 볼 수 있었다. 결국 시내의 모든 집이 타오르게 되었다. 도시 전체가 하나의 아궁이가 되어 갈래갈래 불길이 하늘을 찌르며 지평선을 밝히고 타오르는 열기를 확산시켰다. 불길의 덩어리들이 서로 합쳐지면서 세찬 바람을 타고 모든 방향으로 급속히 퍼져나갔다. 벽이 무너지고 가게와 집들에 들어 있던 가연 물질이 폭발하면서 찢어지는 소리와 폭발음이 불길 속에서 계속되었다.

이 우렁찬 소음과 무서운 폭발 틈바구니에 곁들여진 것은 비참한 인간들의 비명과 고함이었다. 도둑질하러 들어간 집에서 불길에 둘러싸인 유랑민들이 길로 겨우 빠져나와도 기다리고 있는 것은 더 빠져나갈 길이 없는 화염의 미로였다. 이 끔찍하고도 장엄한 광경 앞에 충격에 싸여 움직이지도 못하고 입을 떼지도 못한 채 바라보고 있는 우리 마음속에는 어떤 도움도 줄 수 없다는 절대적 무력감이 채워져 있었다."

말 그대로 초토화란 이런 것이라는 것을 쿠투조프가 나폴레옹에게 제대로 보여줬다. 나폴레옹은 뒷날 "내가 본 중에서 가장 무서운 광경이었다"라고 회상했다. 이미 모스크바에 입성할 때부터 나폴레옹은 불길한 징조와 마주했다. 자신이 상상했던 승리의 팡파르는 도시 어디에도 없었다. 항복 문서를 들고 무릎 꿇은 차르 알렉산드르 1세의 모습은커녕 자신을 해방군으로 열렬히 환영하는 시민 한 명도 찾을 수 없었다. 텅 빈 도시뿐이었다. 메느발은 당시의 상황을 이렇게 전한다.

"나폴레옹은 9월 14일 밤을 도로고밀로프 구역에서 지내고 이튿날에야 모스크바 성에 들어갔다. 이 입성에는 큰 도시의 탈취에 으레 따르는 격동이 보이지 않았다. 대포와 탄약차가 굴러가는 소리 외에는 거리의 정적을 깨뜨리는 아무 소리도 들리지 않았다. 모스크바는 깊은 잠에 빠져 있는 것처럼 보였다. 《아라비안나이트》에 나오는 마법에 걸린 도시처럼…."

쿠투조프의 러시아군은 후퇴하면서 대부분 집을 불태우고 시민들을 끌고 갔다. 인적이 없어 깊은 잠에 빠진 모스크바는 알라딘의 요술 램프로도 깨울 사람이 없었다. 나폴레옹의 러시아 침략을 다룬 톨스토이의 《전쟁과 평화》에는 나타샤가 퇴각하는 러시아군을 따라 가족과 함께 마차를 타고 모스크바를 떠나는 장면이 나온다. 정복자의 쾌감이란 자신 앞에 무릎을 꿇는 자가 있어야 하는데, 나폴레옹 앞에는 자신이 먹여 살려야 할 거지뿐이었다. 거리에 나도는 비렁뱅이를 보면서 느꼈을 나폴레옹의 참담함이 눈에 선하다. 오죽했으면 모스크바에 먼저 입성한 나폴레옹의 부하가 나폴레옹에게 "항복할 사람이 한 명도 없다"라고 했을까.

나폴레옹은 당시 수도인 상트페테르부르크 대신, 여전히 정신적 수도이며 상대적으로 러시아 병력이 적게 배치되어 점령하기 쉬운 모스크바를 침공했는데, 결과는 잘못된 선택이었다. 애초에 러시아 침략은 명분도 없는 짓이었다. 프랑스가 영국을 고립시키기 위해 유럽 국가들에 영국과의 교역을 금지한 '대륙봉쇄령'을 러시아가 따르지 않았다는 '괘씸죄' 때문이었으니.

모스크바에도 독립유적지가?

키타이고로드에서 혁명 광장 역을 지나 니콜스카야 거리로 건너갔다. 카잔 성당과 굼 백화점 사이의 도로다. 니콜스카야 거리 15번지에 흰색과 하늘색의 석조 건물이 나타났다. 모스크바의 독립운동 유적지다. 이곳에서 1922년 1월 극동인민대표대회가 열렸는데, 홍범도, 이동휘, 김규식, 여운형, 조봉암, 박헌영, 김단야, 박진순 등 당시 내로라하는 사회주의 독립운동가 56명이 참석했다. 당시에는 그리스 정교회 신학교 건물이었는데, 지금은 국립인문대학 역사정치법학부가 사용하고 있다. 고색창연한 3층의 본관 건물이 나오는데, 강당 6호실이 대회 장소였다. 첫날 크렘린에서 개회식을 한 뒤 이곳으로 옮겨 대회를 이어갔고, 폐회식은 페트로그라드에서 열었다. 레닌은 "조선이 언젠가는 공산주의를 지향해야 하지만, 지금은 공산주의 지식이 없고 아직 농업 국가이니 민족주의에 몰두해야 한다"라고 말했다. 조선 대표단은 이 말을 듣고 레닌의 독립운동 지원을 전적으로 신뢰했다.

모스크바 뒷골목에도 이처럼 우리 독립운동의 숨결이 살아 있다.

이밖에도 초기 한국 공산주의 운동에 영향을 미친 코민테른 본부(중앙집행국)는 빌헬름 피크 거리 4번지에 있는데, 지금은 러시아 국립사회대학(에르게세우)이 쓰고 있다. 김재봉과 박헌영의 주도로 1925년 4월 서울 중식당 아서원(현 롯데호텔)에서 창당한 조선노동당은 그해 코민테른 한국지부로 공식 인정받았다. 박헌영이 소속됐던 코민테른 집행위 동양비서부는 노비 아르바트 2-1번지에, 박헌영의 부인 주세죽이 다녔던 동방노력자공산대학 조선학부는 트베르스코이 13번지에 있다. 당시 코민테른은 한국 사회주의자들의 독립운동을 지원하는 등 제국주의 지배 아래 신음하던 제3세계 피식민지 국가의 든든한 지원군이었다. 이에 앞서 1896년 니콜라이 2세의 대관식에 참석했던 민영환이 묵었던 숙소는 포바르스카야 거리 42번지에 있다. 당시 민영환은 숙소에 태극기를 달았다고 하니, 러시아에서 최초로 태극기가 휘날리던 장소다. 해외 독립운동 유적지를 찾으려면, 독립기념관 홈페이지의 '국외 독립운동 사적지' 페이지를 보면 된다.

나는 늦더위를 피해 굼 백화점으로 들어갔다. 역시 시원했다. 세계 여행을 하다 보면 공짜로 더위를 식히는 데는 백화점만 한 곳이 없고, 공짜로 화장실을 이용하는 데는 맥도날드만 한 곳이 없다. 궁전처럼 웅장한 굼 백화점은 1893년부터 모스크바 최고

고가의 제품을 판매하는 유리 천장의 굼 백화점 내부

의 쇼핑 장소였다. 굼GUM은 러시아어로 '국영 종합 백화점'의 머리글자로, 블라디보스토크 등 다른 도시에도 같은 이름의 백화점이 많다. 지붕이 유리로 된 굼 백화점에는 유명 고급 브랜드가 즐비했다. 나는 1층부터 3층을 오르락내리락하며 눈요기 쇼핑을 한 뒤 1층으로 내려와 중앙 로비 분수대에서 수박 한 조각을 샀다. 시원한 수박이 목구멍을 넘어 기도를 타고 내려가자 온몸에 돋았던 땀방울이 가재 뒷걸음치듯 하나둘 슬그머니 땀구멍으로 다시 들어가 버렸다. 굼은 역시 여름철 피서지로 최고였다.

비운의 여인, 주세죽을 아십니까

발추크섬, 사랑의 다리

오래 걷다 보니 배가 고팠다. 꼬르륵, 허기진 소리를 내는 위를 채우러 가야 했다. 늦은 점심이다. 버스는 모스크바강 북쪽 강변을 달리다 볼쇼이 카메니 다리에 들어섰다. 전에 왔을 때는 LG 그룹의 스마일 광고판이 다리 양옆으로 줄줄이 매달려 있었는데, 어쩐 일인지 하나도 보이지 않았다. 듣자 하니 지난 2015년 다리의 광고판을 모두 정리하면서 LG 광고도 없앴다고 한다. 다리 오른쪽으로 구세주 그리스도 성당의 황금빛 돔이 날카로운 햇빛을 레이저 쏘듯 반사해내고 있었다. 높이 105미터를 자랑하는 세계에서 가장 높은 동방 정교회 성당으로, 스탈린이 '스탈린의 7자매' 같은 소비에트 궁전을 세우려고 허문 것을 2000년 복원했다. 성당 뒤로는 푸시킨 미술관이 있는데, 붕어빵에 붕어가 없듯 푸시킨 미술관에는 푸시킨이 그린 그림이 없다. 푸시킨 미술관은 그냥 푸시킨을 기념해 이름만 빌려왔으니까.

모스크바강 중간에 발추크섬이 나타났다. 18세기 홍수 방지용 운하를 건설하면서 만든 인공섬이다. 섬의 볼로트나야 광장은 붉은 광장처럼 끔찍한 피의 역사의 현장이다. 1671년 붉은 광장에서 사지가 찢기는 죽음을 당한 스텐카 라진의 시신을 뾰족한 막대기에 꽂아 이곳에 전시했다. 100여 년 뒤인 1775년에는 이곳에서 카자크 농민 반란 지도자 푸가초프를 사지를 찢어 죽였다. 푸가초프의 반란은 러시아 사상 최대의 농민 반란이었는데, 푸시킨의 《대위의 딸》은 푸가초프 반란을 배경으로 한 역사 소설이다. 광장 앞에는 일리야 레핀 동상이 루시코프 다리를 바라보고 있다. 루시코프 다리는 피렌체의 베키오 다리, 파리의 퐁데자르 다리와 마찬가지로 사랑의 자물쇠를 거는 '사랑의 다리'로 유명하다. 다이아몬드는 영원한데, 왜 사랑은 영원하지 않을까? 죽음이 없으면 삶의 소중함을 모르듯이 이별이 없다면 사람들은 오히려 사랑을 헌신짝처럼 취급하지 않을까?

모스크바강의 표트르 대제 동상. 뒤쪽 붉은색 건물은 프레지던트 호텔

모스크바강의 표트르 대제 동상

발추크섬의 끄트머리를 놓쳐서는 안 된다. 높이 98미터의 범선 모형 위에 서 있는 표트르 대제 동상이 모스크바강을 향해 우뚝 솟아 있다. 뉴욕 허드슨강에 횃불을 높이 든 자유의 여신상이 있다면, 모스크바강에는 승리의 금색 두루마리를 든 표트르 대제

동상이 있다. 1997년 러시아 해군 창설 300주년을 기념해 러시아 해군을 창설한 표트르 대제의 동상을 세웠다. 표트르 대제 동상 옆을 지나던 유람선에서 여행객들이 갑판으로 나와 사진을 찍느라 정신이 없다. 그런데 정작 모스크바 시민들은 이 동상을 별로 좋아하지 않는다. 표트르 대제가 위대한 지도자임은 틀림없지만, 모스크바를 싫어해 수도를 상트페테르부르크로 옮긴 데다 고전적인 건축물을 좋아하는 모스크바 시민의 취향과 달리 동상이 너무 현대적 이미지라나? 선박 위에 서 있는 표트르 대제를 보면서 나는 엉뚱하게도 보물을 가득 실은 해적선을 이끄는 〈캐리비안의 해적〉의 조니 뎁이 떠올랐다.

로켓 모양의 유리 가가린 동상

모스크바강을 건넜다. 왼쪽으로 유명한 트레차코프 미술관이 있다. "모든 그림은 인민에게 속해야 한다"는 멋진 신념을 가진 19세기 사업가 트레차코프 형제가 만든 미술관이다. 푸시킨 미술관이 서유럽 작품을 많이 전시한다면, 트레차코프 미술관은 러시아 작품을 많이 소장한 러시아 미술의 보고다. 12세기 비잔틴 이콘 〈블라디미르의 성모〉와 안드레이 루블료프의 〈삼위일체〉, 일리야 레핀의 〈이반 뇌제와 아들 이반〉, 알렉산드르 이바노프의

〈민중 앞에 나타난 그리스도〉 등이 유명하다.

잠시 뒤 가슴을 뛰게 하는 건물이 눈에 들어왔다. 모스크바강 변의 빨간색 건물, 프레지던트 호텔이다. 2001년 모스크바를 처음 방문했을 때 묵었던 호텔이다. 호텔 창문을 열자 표트르 대제 동상이 바로 코앞에 있었다. 옛날에는 '10월 호텔'이라 불렀는데, 소련 시절 공산당 대회에 참석하는 당 중앙위원들이 묵는 영빈관이었다. 내가 묵었던 당시에는 사회주의 흔적이 남아 있어 외국인에게만 개방하고 경찰이 총을 들고 호텔 입구를 지키는 등 경비가 삼엄했다. 지금은 일반 호텔처럼 누구나 이용할 수 있다. 호텔 창문 너머 모스크바의 야경과 처음 방문한 러시아에 대한 호기심, 아름다운 밤이면 스멀스멀 찾아오는 고독이 응어리졌던 추억이 주마등처럼 스쳐 갔다. 멕시코에 이런 속담이 있다. "젊은이는 꿈을 꾸고, 노인은 회상한다." 삶이란 꿈이 추억이 되어가는 과정이니까.

잠시 옛 추억에 빠져 감상에 젖은 사이, 버스는 순식간에 옥티야브르스카야(10월) 지하철역을 지나고 있었다. 역 광장에 외투를 입고 서 있는 중년 아저씨 동상이 툭 말을 건넨다. '어이, 형씨. 모스크바에 와서 너무 그렇게 감상에 젖지 말라고. 우리 노동자들의 삶은 아직도 팍팍하단 말이야.' 그의 표정이 꽤나 심각하다. 고개를 돌려 동상을 보는 순간 단박에 알아봤다. 대머리 형님, 레닌 아닌가. '아이고, 형님 아니랄까 봐. 아직도 노동자 동지들을 생각하고 있소?' 소련 몰락 이후 레닌 동상도 하나둘 철거되었지만, 모스크바에는 여전히 82개의 레닌 동상이 남아 있다. 심각해지는 불평등이 다시 레닌을 불러오고 있었다. '자유' 못지않게 레닌이 추구했던 '평등'도 인류가 포기할 수 없는 가치다. 레닌의 유산이 부정적인 것만은 아니다. 무상 교육과 무상 의료, 모든 인민의 연금, 도로·전기·수도·가스 등 공공재와 생필품의 저렴한 가격 등은 러시아에 남아 있는 레닌의 긍정적 유산이다. 이르쿠츠크에서 만난 러시아 교포의 얘기를 들어보니 24평 아파트 기준으로 전기료와 수도료 등 관리비가 500루블이라고 하는데, 한화로 1만 원도 안 되는 돈이다.

버스는 고리키 공원을 옆에 끼고 레닌스키 대로를 따라 달렸다. 왼쪽으로 솔제니친이 묻힌 돈스코이 수도원이 보였다. 솔제니친은 공산주의 지도자들이 많이 묻힌 노보데비치 수도원 묘지 대신, 스탈린 시대 정치범을 처형했던 이곳 수도원 묘지에 묻히기를 원했다. 돈스코이 수도원은 공산주의 탄압의 상징이기 때문이다.

레닌스키 대로와 모스크바 제3순환도로가 만나는 사거리가 나타났다. 왼쪽은 가가린 광장이다. 우주 로켓처럼 하늘 높이 치솟은 유리 가가린 동상이 눈길을 끈다. 화강암 밑받침 위에 티타늄으로 만들었는데, 높이가 무려 40미터다. 냉전 시대 우주 경쟁에서 미국의 코를 납작하게 만든 가가린이다 보니 러시아 어디서나 특별 대우다. 조각상을 티타늄으로 한 것은 가볍고 단단한 티타늄이 항공우주산업을 획기적으로 발전시킨 금속이기 때문이란다. 러시아는 금속에도 경의를 표하는 멋진 나라구나.

박헌영 부인 주세죽, 모스크바에 잠들다

여기서 잠깐 샛길로 빠져야겠다. 특별히 소개할 인물이 있다. 가가린 광장 사거리에서 왼쪽으로 조금 가면 다닐로프 공동묘지가 있다. 여기에 비운의 사회주의 여성 혁명가가 잠들어 있다. 일제강점기 조선 최고의 미인으로, '공산주의 여성 삼총사'였던 그녀의 이름은 주세죽. 박헌영의 부인으로 더 잘 알려진 그녀다. 오랫동안 잊힌 그녀는 한 장의 사진으로 단번에 역사적 인물로 부활했다. 박헌영과 주세죽의 딸로 러시아에 살던 박비비안나(박영)는 1991년 12월 한국을 방문하면서 1920년대 사진을 한 장 가지고 왔다. '공산주의 여성 삼총사'인 주세죽과 허정숙, 고명자가 단발머리에 하얀 저고리와 치마를 입고 서울 청계천 개울에서 물놀이하는 장면이다. 이들 여성 삼총사는 당시 '삼인당'으로 불린 공산주의 혁명가 박헌영, 임원근, 김단야의 부인이 된다.

1920년대 서울 청계천에서 허정숙, 주세죽, 고명자(왼쪽부터)

주세죽은 형무소에서 병보석으로 풀려난 남편 박헌영과 함께 1928년 모스크바로 피신했다. 얼마 뒤 중국 상하이로 간 박헌영이 일본 경찰에 다시 체포되자 그녀는 모스크바로 피신해 있던, 고명자와는 이미 소식이 끊긴 김단야와 결혼한다. 그러나 김단야는 일제의 스파이라는 터무니없는 죄명으로 1938년 스탈린에게 처형당한다. 주세죽 역시 일제 스파이라는 죄명으로 카자흐스탄 방직공장으로 유배되고, 김단야와의 사이에서 태어난 어린 아들도 이때 잃는다. 비극이 비극을 낳는 절망의 연속이었다. 박헌영의 비극도 그녀 못지않다. 미군정의 체포를 피해 북한으로 넘어간 남조선노동당 당수 박헌영은 북한 부수상에 올랐으나 1955년 미제 스파이라는 죄명으로 처형당한다. 해방 뒤에도 남과 북 어디로도 가지 못했던 주세죽은 카자흐스탄에서 유배자 신세로 살다 1953년 모스크바에서 쓸쓸히 죽음을 맞이했다.

주세죽은 다닐로프 공동묘지에 있는 딸 박비비안나의 남편 가족묘지에 묻혔다. 묘비에는 '한베라(1901~1953)'라고 쓰여 있다. 모스크바에서 신분을 위장하려고 썼던 가명이다. 죽어서도 본명을 찾지 못하고 가명으로 누워 있는 비운의 '코레예바'(조선 여자) 주세죽. 한 편의 영화 같은 삶을 살다간 그녀의 모스크바 생활은 한 장의 사진으로 남았다. 1929년 동방노력자공산대학에 재학 중이던 주세죽과 당시 모스크바 국제레닌학교에 다니던 남편 박헌영이 김단야, 양명 그리고 베트남 독립의 아버지 호찌민과 함께 찍은 빛바랜 사진이다. 당시 '리준'이란 가명을 사용했던 박헌영은 호찌민에게 정약용의 《목민심서》를 선물로 줬는데, 호찌민이 《목민심서》를 애독했다는 이야기는 여기서 출발한다. 심훈의 1930년 장편 소설 《동방의 애인》은 박헌영과 주세죽의 사랑을 모델로 했다. 옛 소련은 1989년 그녀의 명예를 회복시켰고, 대한민국 정부는 2007년 그녀에게 독립운동에 기여한 공로로 건국훈장 애족장을 수여했다. 뒤늦은 복권이었다. 역사란 이렇게 숱한 개

1929년 모스크바 국제레닌학교 재학 시절. 앞줄 왼쪽에서 두 번째부터 김단야, 박헌영, 양명. 두 번째 줄 맨 왼쪽 주세죽. 세 번째 줄 맨 오른쪽 호찌민

인의 희생 위에 쌓이는 비극의 탑인지도 모른다. 오늘도 고국으로 돌아가지 못해 검은 눈물을 줄줄 흘리는 코레예바의 비석을 누가 위로해줄 것인가?

여행과 환율

어느새 식당에 도착했다. 오는 길에 시내 곳곳에서 도로를 공사하는 모습이 눈에 띄었다. 아스팔트를 새로 깔거나 기존 도로 블록을 교체하는 작업이다. 2014년 러시아의 우크라이나 크림반도 강제 합병에 대한 서방의 제재로 경제가 나빠지자 러시아 정부가 인위적 경기 부양에 나선 것이다. 서구가 경제 제재를 하기 전인 2013년 8월 23일 환율은 1루블에 33.72원이었는데, 제재 이후인 2016년 8월 23일 환율은 1루블에 17.38원이었다. 3년 만에 루블화의 가치가 거의 절반으로 떨어졌다. 루블화 가치가 반 토막 났으니 우리 같은 여행자에게는 반가운 일이다. 예전에는 상상도 못 했던 철갑상어 알까지 맛볼 수 있으니 말이다.

환율 하니까 아프리카 배낭여행 할 때 들렀던 짐바브웨가 생각난다. 2006년 살인적인 인플레이션으로 암시장에서 미화 1달러는 100만 짐바브웨 달러에 달했다. 짐바브웨 돈은 휴짓조각이나 마찬가지여서 기차역에서는 요금을 받을 때 지폐 계수기로 돈을 셌고, 매표소 창구에는 아무 쓸모도 없는 돈이 산더미같이 쌓여 있었다. 2006년에는 10만 달러짜리 지폐가 발행됐는데, 2년 뒤인 2008년에는 무려 100조 달러짜리 지폐까지 발행됐다. 100조 짐바브웨 달러로 살 수 있는 물건이라고는 고작 달걀 세 개. 결국 짐바브웨는 자국 화폐를 포기하고 미국 달러를 공식 화폐로 사용했다. 하지만 시간마다 환율이 오르고, 미국 달러를 받지 않는 곳이 많아 여행자로서는 죽을 맛이었다. 짐바브웨 화폐가 시간마다 가치가 떨어지니 나는 결국 이틀 만에 짐바브웨를 탈출해야 했다.

모스크바 거리에는 예전에 비해 유난히 한국산 자동차가 많이 보였다. 시내에서 현대의 투싼과 쏠라리스(엑센트), 기아의 리오와 버스를 쉽게 볼 수 있었다. 2015년 현대와 기아를 합친 한국 자동차의 러시아 자동차 시장 점유율은 16퍼센트로 1위였다. 시베리아 횡단철도TSR와 한반도 종단철도TKR가 연결되면, 지금 부산에서 독일 베를린까지 선박으로 34일 걸리는 자동차 수출 운송 시간이 21일로 줄어든다. 남북한과 러시아를 철도로 연결하는 '철의 실크로드'는 잃어버린 대륙으로 가는 길일 뿐 아니라 교역의 고속도로다.

승리 공원에서 지하철 타고 아르바트 거리로

점심은 러시아 꼬치구이 샤슬릭이었다. 포만감에 잠시 의자에 앉아 눈을 붙였다. 쪽잠이 꿀잠이다. 상쾌한 기분으로 오후 지하철 탐방에 나섰다. '지하 궁전'이라 부르는 모스크바 지하철은 여행자들의 필수 코스다. 지하철을 타기 위해 파르크 포베디(승리 공원) 역으로 갔다. 모스크바 대학의 뒷모습을 보며 민스카야 대로를 달리다 사거리에서 쿠트조프스키 대로를 만났다. 사거리 모서리에는 세 명의 군인이 옛날 무기를 들고 있는 동상이 있다. '설마 우리 러시아를 침공하러 온 것은 아니겠지? 그러다가 큰코다칠 줄 알라고.' 그들은 이미 경계 자세를 취하고 있는 듯했다. 그들의 군복과 무기를 보니 어느 시대 군인인지 짐작이 갔다. 칼과 방패를 든 군인은 1480년 몽골을 물리친 용사이고, 칼을 꽂은 장총을 든 군인은 1610년 폴란드를 물리친 용사이며, 기관총을 든 군인은 제2차 세계대전 때 독일을 물리친 용사이다. 러시아 사람들이 가장 싫어하는 세 나라다. 1812년 나폴레옹이 잠시 러시아를 점령했으나 그 기간이 짧다 보니 프랑스는 러시아가 제일 싫어하는 '주적 3국'에는 포함되지 않나 보다.

승리 공원, 나폴레옹, 《전쟁과 평화》

파르크 포베디 역에 도착했다. 도로 앞 승리 공원에는 개선문이 있다. 나폴레옹을 물리친 조국 전쟁 승리를 기념하는 승전문이다. 개선문 뒤로는 멀리 보로디노 전투 파노라마 박물관이 있다. 역 뒤로는 넓은 공원이 펼쳐져 있다. 파르크 포베디 공원이다. 러시아어로 파르크는 '공원'이고, 포베디는 '승리'이니 곧 '승리 공원'이다. 포클론나야 고라(경배의 언덕)에 있는 승리 공원은 제2차 세계대전 대조국 전쟁 승리를 기념하는 장소다. 포클론나야는 '경배'라는 뜻인데, 옛날 모스크바 시내로 들어가기 전에 사람들이 이 언덕에 서서 고개를 숙여 인사했던 데서 붙여진 이름이다.

1812년 9월 14일 말을 타고 호기롭게 달려온 나폴레옹은 이곳 언덕에서 모스크바를 바라보며 승리감에 도취했다. "신성한 모스크바가 내 발 아래 있구나." 나폴레옹에게 모스크바는 '교회가 무수히 많은 아시아 같은 신비한 도시'로 다가왔다. 꿈에도 그리던 모스크바 입성이 아니던가? 다음은 메느발이 남긴 기록이다.

"이 거대한 도시가 갑자기 나타나는 것은 기묘하고도 인상적인 광경이었다. 사막과 헐벗은 평원의 끄트머리에 솟아오른 모스크바는 유럽보다 아시아의 분위기를 풍기는 도시였다. 1,200개의 교회 첨탑과 하늘색 둥근 지붕 위에는 황금빛 별이 수없이 그려져 있고, 도금한 사슬이 서로를 이어주고 있었다."

톨스토이는 당시 상황을《전쟁과 평화》에서 이렇게 묘사했다.

"다음 날 오전 10시경 나폴레옹은 말을 탄 채 휘하 군대에 둘러싸여 포클론나야 언덕 위로 올라갔다. 그는 그곳에서 찬란한 아침 햇빛을 받아 둥근 탑들이 별처럼 빛을 내고 있는 모스크바를 내려다보고 있었다.
'무수한 교회를 가진 이 이름 높은 아시아적 거리, 이 성스러운 모스크바가 드디어 내 눈앞에 나타났다!'
나폴레옹은 이렇게 말하며 모스크바의 지도를 펼치게 하고 통역관을 가까이 불렀다.

승리 공원

'적에게 점령당한 거리는 정조를 잃은 처녀와 같다.'
그런 관점에서 나폴레옹은 눈앞에 가로놓여 있는 동방의 미인을 바라보았다. 도저히 불가능한 것처럼 생각되었던 숙원이 마침내 달성된 것이 자기 자신으로서도 믿어지지 않았다."

나폴레옹은 다음 날 쿠투조프스키 대로를 따라 도로고밀로프를 지나 모스크바강 보로딘스키 다리를 건넜다. 그리고 크렘린으로 들어갔다. 타루티노 지역으로 후퇴한 쿠투조프는 기러기 떼가

남쪽으로 날아가는 시기만을 기다리고 있었다. 그해따라 매서운 시베리아 한파가 일찍 찾아왔다. 동장군에 벌벌 떨던 나폴레옹은 모스크바 점령 한 달 만에 철수했다. 나폴레옹의 45만 군대는 파리에 도착했을 때 고작 3만이었다. 쿠투조프 등 러시아의 내로라하는 장군들은 멀리 후퇴했는데, 동장군이란 놈이 이렇게 기습 공격을 해올 줄은 꿈에도 몰랐던 것이다.

나폴레옹을 파리까지 추격했던 러시아의 젊은 장교들은 뒷날 데카브리스트가 된다. 승리 공원에서 다시 개선문을 바라봤다. 조국 전쟁을 주제로 한 차이콥스키의 〈1812년 서곡〉이 들려오는 듯했다. 러시아의 승리를 알리는 대포 소리와 종소리가 울려 퍼진다. 승전고와 함께 행진하는 러시아군의 힘찬 발걸음 소리가 쩌렁쩌렁하다.

승리 공원 가운데는 오벨리스크 승전기념탑이 있다. 높이가 141.8미터인데, 이는 1941년 6월부터 1945년 5월까지 1,418일의 대조국 전쟁 기간을 나타낸다. 오벨리스크 아래 기단에는 모스크바 수호성인 성 게오르기가 창으로 용의 목을 찌르는 기마상이 있다. 동양에서는 용이 신성한 동물이지만, 유럽에서는 사악한 무리의 상징이다. 기념탑 뒤로 대조국 전쟁 박물관이 병풍처럼 서 있다. 언덕 위 빨간 꽃밭을 배경으로 노란 시침의 꽃시계가 앙증맞다.

혁명은 지하철에 살아 있다

지상에서 죽은 러시아 혁명을 찾으려면 모스크바 지하철로 가야 한다. 화려한 샹들리에 조명 아래 대리석과 화강암으로 뒤덮인 모스크바 지하철은 소련 시절의 살아 있는 혁명 유적이다. 모스크바 지하철역은 바로크 양식의 웅장한 '지하 궁전'이며, 다양한 조각품과 동상, 그림, 모자이크, 스테인드글라스, 타일 등으로 가득한 '지하 박물관'이다.

본격적인 지하철 탐방에 나섰다. 파르크 포베디 역의 '지하 궁전'으로 내려갔다. 에스컬레이터를 타고 내려가는 길은 까마득한 탄광으로 들어가는 느낌이었다. 모스크바의 역 중에서 가장 깊은 지하 86미터다. 승객을 태우는 에스컬레이터의 길이는 무려 126미터. 역 안은 승리 공원이란 이름답게 조국 전쟁과 대조국 전쟁 승리를 기념하는 벽화들이 수두룩하다. 모스크바 지하철을 구경하기에는 파르크 포베디 역이 있는 3호선이 편리하다. 다음 역인 키옙스카야 역은 아름다운 모자이크화로 유명하고, 아르바츠카야 역은 아르바트 거리로 가는 역이며, 혁명 광장 역은 크렘린과 붉은 광장으로 가는 역이다.

지하 매표소에서 50루블을 주고 표를 샀다. 거리와 상관없는 정액제다. 지난 2001년에는 5루블이었는데, 그 사이 무려 10배나 요금이 올랐다. 이거야말로 요금 폭탄이다. 그래도 2016년 서

천장과 벽을 모자이크화로 장식한 키옙스카야 역

울 지하철 요금이 기본 10킬로미터에 1,250원이니, 모스크바 지하철 요금 870원은 싼 가격이다. 노란색 지하철이 경적을 울리며 플랫폼에 다가왔다. 문이 열리자마자 냅다 객차 안으로 들어갔다. 빈 좌석이 없을 정도로 승객들로 꽉 찼다. 1935년 개통한 모스크바 지하철은 12개 노선에 하루 이용객이 1,000만 명이라고 한다.

다음 키옙스카야 역에서 내렸다. 우크라이나 수도 키예프의 이름을 딴 역이다. 역 이름답게 우크라이나 전통 예술 양식의 모자

키옙스카야 역에 있는 벽화

이크 벽화로 온 천장과 벽을 장식했다. 농부들이 밀을 재배하는 한가로운 농촌 풍경과 아낙네들이 염소젖을 짜는 민속 벽화가 많았다. 모두 18점의 고풍스러운 모자이크 벽화가 있어서 지하철을 기다리는 승객들의 눈을 즐겁게 한다. 오래전 방문했던 우크라이나 키예프의 민속박물관을 보는 듯했다. 러시아의 뿌리가 키예프 루시니 러시아 사람들은 아련한 향수를 느낄 테다.

다시 지하철을 탔다. 스몰렌스카야 역과 아르바츠카야 역을 지나 혁명 광장(플로샤디 레볼류치) 역에 내렸다. 소련의 유명 건축가

혁명 광장 역의 국경수비대원과 군견 청동상

알렉산더 두시킨이 설계한 역이다. 혁명 광장 역의 청동조각상은 사회주의 혁명을 이끈 프롤레타리아 군상으로 채웠다. 군인과 개, 아낙네와 닭, 교복 입은 소녀, 혁명사를 읽는 여인, 일하는 노동자, 운동선수, 수병, 광부…. 사회주의 건설에 앞장선 노동 영웅 스타하노프를 닮으라는 뜻이리라. 타임머신을 타고 순식간에 스탈린 시대로 돌아간 느낌이다. 남자 고등학생이 국경수비대원과 군견 청동상의 개 코 부분을 만지고 지나간다. 사람들이 하도 만져 개 코 부분의 녹이 벗겨져 반질반질 닳았다. 수탉을 안고 있는 양계 처녀상의 닭도 손때를 타서 황금빛으로 반짝거린다. 우리나라에 사찰의 미륵불상 코를 만지면 복이 온다는 속설이 있듯 러시아에는 사람이 데리고 있는 동물상을 만지면 행운이 온다는 믿음이 있다. 옆 기둥에 있는 여학생상의 구두 부분도 유난히 손을 타서 빛이 나는데, 사랑의 카운슬러인 여학생상의 구두를 만지면 영원한 사랑을 하게 된다고 한다.

혁명 광장 역의 수탉을 안고 있는 양계 처녀상

이렇게 사회주의 일꾼을 새긴 청동조각상이 76개나 된다. 과학적 공산주의에 기반을 둔 '혁명 광장'이 어쩌다가 소원을 비는 '기복 광장'이 되었다.

이들 역 외에도 두시킨이 설계한 마야콥스카야 역과 레닌 영묘를 만든 알렉세이 슈츄세프가 참여한 콤소몰스카야 역, 그리고 타간스카야 역과 도스토옙스키 역, 멘델레옙스카야 역이 유명하다. 2010년 개통한 10호선 도스토옙스키 역은 정치색이 배제된 순수한 문학의 관점에서 지었는데, 《죄와 벌》의 주인공 라스콜리니코프와 《카라마조프가의 형제들》의 등장인물, 《악령》에 나오는 장면을 그린 벽화로 가득하다. 마치 도스토옙스키 문학관을 떠오르게 한다. 주기율표를 만든 멘델레예프의 이름을 딴 멘델레옙스카야 역에는 서울 용산의 유명한 개 '땡비'처럼 사람들의 사랑을 받았으나 러시아 유명 여성 모델에 의해 비참하게 죽은 '말칙'이란 유기견을 추모하는 동상이 있다.

모스크바 지하철은 전쟁이 나면 지하 벙커, 방공호로 사용하기 때문에 유난히 깊은데, 환기에 신경을 썼는지 공기가 별로 탁하지는 않았다. 실제 제2차 세계대전 당시 지하철 대피소의 조산소에서 217명의 신생아가 태어났다고 한다. 모스크바 지하철은 사회주의 예술관이 반영됐다 하더라도 독특하고 아름답다. 가볼 만한 곳이다.

모스크바 지하철과 쌍벽을 이루는 곳이 북한 평양 지하철이다. 남북 관계가 좋았던 2003년 평양을 방문해 지하철을 구경한 적이 있다. 평양 지하철 역시 전쟁 때 방공호 역할을 하기 위해 지하 150미터에 건설했는데, 아치형 천장에 화려한 샹들리에와 각종 모자이크 벽화로 장식되어 있었다. 백두산 천지를 그린 순수한 그림도 있지만, 대부분 김일성·김정일 부자를 우상화하는 체제 선전물이었다. 평양 지하철은 '지하 예술의 전당' '지하 평양'으로 불린다. 세계 10대 지하철역인 평양 지하철역은 외국인 관광 상품의 하나로, 외화벌이를 톡톡히 하고 있다. 월북 학자 백남운이 쓴 《쏘련인상》에는 1949년 3월 모스크바 지하철을 방문한 김일성이 감상록에 "(지하철의) 훌륭한 시설물에는 과학과 기술과 예술의 가장 선진적 달성이 결합되어 있다"라고 남겼다는 기록이 있다. 모스크바 지하철에 감명받은 김일성이 이를 본떠 평양 지하철을 만들었음을 알 수 있는 대목이다.

다시 지하철을 타고 거꾸로 돌아와 아르바트 거리 종점 입구인 스몰렌스카야 역에 내렸다. 역 출구 천장에 새겨진 낫과 망치가 들어 있는 별 문양이 나를 내려다봤다. 낫과 망치가 나가는 내 뒤통수에 대고 중얼거렸다. '지하는 아직 우리 세상이야. 지상은 자본주의가 활개 칠지 모르지만, 지하는 우리 사회주의 세상이란 말이야. 자본주의가 싫어지면 가끔 사회주의 세상으로 놀러 오게.'

밖으로 걸어 나오다 우리 얼굴과 닮은 젊은이를 만났다. 20대 초반의 젊은이가 다가오더니 영어로 '사우스 코리아'에서 왔냐고 묻는다. 그렇다고 하자 먼저 악수를 건넨다. '라지슬라'라는 이름의 고려인 3세 젊은이였다. 젊은 고려인은 하바롭스크에 사는데, 잠시 볼일이 있어 모스크바에 왔다고 한다. 사할린에 살던 할아버지는 아예 한국으로 영구 귀국해 서울에 살고 있다고 한다. 외국에서 고려인과 조선족, 재일동포 후손을 만날 때면 반가움과 함께 구한말 망국의 한으로 이어지는 한민족의 아련한 탯줄이 당기는 쓰라림을 느낀다.

아르바트 거리와 푸시킨

아르바트 거리는 예전 모습 그대로였다. 인사동과 대학로를 합친 듯한 아르바트 거리는 모스크바에서 가장 유명한 예술의 거리요, 젊음의 거리다. 음악과 미술, 문학이 어우러지고, 사랑과 낭만이 강물처럼 흐르는 청춘의 거리다. 영락없는 파리 몽마르트르 분위기다. 짐 마차가 다니던 아르바트 거리는 이제 청춘들이 활보한다. 고래가 춤추는 동해처럼 젊음의 생기가 파도처럼 춤춘다. 거리의 악사들이 음악을 연주하고, 아마추어 화가들이 초상화를 그려주고, 연인들이 밀어를 속삭인다. 노점상은 아름다운 목각 인형 마트료시카를 흔들며 들떠 있는 여행자를 유혹한다.

1960년대 옛 아르바트 거리 옆에 유럽풍 고층 건물의 새 아르바트 거리가 생겼지만, 여행자의 시선을 빼앗지는 못했다. 처음 새 아르바트 거리가 만들어질 때는 옛 아르바트 거리가 밀리지 않을까 걱정했다고 한다. 그러나 기우였다. 차가 달리는 도로의 기능은 새 아르바트 거리에 내어줬을지 모르지만, 옛 아르바트 거리는 보행도로로 바뀌면서 오히려 잃어버렸던 '사람'이라는 진짜 주인을 찾았다. '새 아르바트 거리야, 도로 줄게 사람 다오.' 옛 아르바트 거리는 신이 나서 〈두껍아 두껍아〉를 부르고 있었다. 사람과 역사, 문화가 어우러진 옛 아르바트 거리는 세월이 흐를수록 그 가치가 높아지는 골동품처럼 점점 더 사랑받는 명소가 되어가고 있었다. 여기에 젊음이 더해지니 옛 아르바트 거리는 고여 썩어가는 둠벙이 아니라 언제나 맑은 물이 흐르는 약수터다.

젊은이들이 거리에서 브레이크 댄스를 추고 사랑의 밀어를 나누는 '자유'와 거리의 악사와 화가 들이 음악을 연주하고 초상화를 그리는 '예술'이 연인처럼 두 손을 잡고 미끄러지듯 탱고를 추는 곳. 그곳이 바로 아르바트 거리다.

그냥 아르바트 거리라고 하면 당연히 옛 아르바트 거리다. '아르바트'는 변두리를 뜻하는 아랍어 '아르바드'가 어원이라고 한다. 모스크바는 15세기 무렵 아랍의 영향을 받은 타타르족의 침입을 여러 차례 받았고, 아르바트 거리에는 이슬람 외지인들이 많이 살았다. 아르바트 거리는 아르바트스카야 역과 스몰렌스카야 역 사이의 1킬로미터가 넘는 보행자 전용 도로다. 푸시킨과 도스토옙스키, 투르게네프, 고골, 차이콥스키, 스크랴빈, 레르몬토프, 벨리, 리바코프, 게르첸, 오쿠자바가 이 거리를 거닐며 한 시절을 보냈다. 고려인 가수 빅토르 최의 추모벽이 있어 우리에게는 더 친근하다.

아르바트 거리 구경은 스몰렌스카야 역에서 시작하는 것이 좋다. 푸시킨 박물관과 리바코프 동상, 빅토르 최의 추모벽이 가까이 몰려 있다. 출구의 오른편으로 스탈린의 7자매인 러시아 외무성 건물이 있고, 왼편으로는 우리나라 롯데백화점이 있다. 아르바트 거리에 들어서자마자 가장 먼저 마주치는 것은 맥도날드다. 한때 공산주의의 심장부였던 곳을 자본주의의 전령이 제일 먼저 점령했다. 이뿐이 아니다. 아르바트 거리에는 스타벅스 커피숍과 수제 햄버거로 유명한 쉑쉑버거(쉐이크쉑)가 들어서 있다. 우쭐한 맥도날드가 행인들에게 신이 나서 떠들고 있었다. '러시아가 공산주의였던 시절은 아주 먼 옛날 호랑이 담배 피우던 시절이란 말이야. 공산주의는 자본주의에 KO패 당했잖아. 지하철역에서 링에 코피 흘리며 누워 있는 공산주의 못 봤어?'

맥도날드 이야기가 나왔으니 하는 말인데, 소련 시절이던 1990년 1월 31일 모스크바 푸시킨 광장에 맥도날드 1호점이 문을 열었을 때 정말 대단했다. 전 세계 언론이 대대적으로 보도한 개장 첫날 무려 3만 인파가 몰려 맥도날드 역사상 개장일 최다 방문 기록을 세웠다. 맥도날드가 공산주의의 심장 모스크바에 진출한 지 2년 만에 소련이 붕괴했으니 맥도날드는 자본주의의 트로이 목마가 틀림없다. 내가 맥도날드 얘기를 이렇게 길게 하는 것은 앞서도 얘기했지만 배낭여행자들이 무료로 화장실을 이용할 수 있는 가장 좋은 장소이기 때문이다. 러시아 거리에서는 공짜로 화장실을 쓸 수 있는 곳이 눈 씻고 찾아봐도 없는 터라 맥도날드를 상징하는 노란색 알파벳 M이 보이면 그렇게 반가울 수가 없다.

맥도날드를 지나면 오른쪽으로 러시아 작가 안드레이 벨리 기념관이 있다. 푸시킨의 명성에 가려 여행자들이 거의 찾지 않지만, 벨리는 시집 《아라베스크》와 소설 《페테르부르크》로 유명하다. 벨리 기념관은 운이 없게도 푸시킨 박물관과 너무 가까이 있다. 벨리 기념관에서 한 발짝 거리의 청록색 이층집이 푸시킨 박물관이다. 아르바트 거리 53번지다. 푸시킨 박물관 바깥벽에는 푸시킨의 얼굴과 함께 '1831년 2월 초부터 5월 중순까지 알렉산드르 세르게예비치 푸시킨이 살던 집'이라는 구리 간판이 붙어 있다. 고작 3개월밖에 살지 않았지만, 푸시킨은 이곳에서 아름다운 나탈리아와 꿈같은 신혼을 보냈다.

아르바트 거리의 푸시킨 부부 동상

푸시킨 박물관 맞은편에 푸시킨과 나탈리아 부부 동상이 있다. 아르바트 거리 최고의 명소답게 관광객들이 푸시킨 부부 동상 앞에서 기념사진을 찍고 있었다. 관광객이 몰리니 거리의 화가들도 이젤을 펼쳐놓고 초상화 손님을 부른다. 그런데 부부 동상은 왠지 어색하고 자연스럽지 못하다. 마치 가장무도회에 참석하러 가는 바비와 켄의 옷차림을 연상케 한다. 그들의 손도 자세히 보니 여느 부부처럼 꼭 잡지 않고, 푸시킨의 손 위에 나탈리아의 손이 닿을 듯 말듯 살짝 얹혀 있는 모습이다. 겉은 다정한 잉꼬부부의 모습이지만, 왠지 '쇼윈도 부부' 같다. 세상에 잉꼬부부로 사는 쇼윈도 부부가 얼마나 많은가? 사실 푸시킨과 나탈리아의 다정했던 시절은 한때였고, 그들의 결혼생활은 긴장의 연속이었다. 나탈리아는 동상처럼 빼어난 미인이었으니 주위에 여러 남자들의 그림자가 어른거렸다. 그리고 결국 그 검은 그림자 하나가 푸시킨을 죽음으로 몰고 갔다. 푸시킨은 〈나는 당신을 사랑했소〉라는 시에서 이렇게 말했다. "말도 없이 희망도 없이, 때론 수줍음에 때론 질투에 가슴 저미며, 나는 당신을 사랑했소." 푸시킨은 이미 나탈리아와의 사랑이 순탄하지 않을 것임을 알고 있었다. 그 속에 이미 이별을 잉태하고 있는 사랑의 비극성을 푸시킨이 몰랐을 리 없다. 푸시킨은 운문 형식으로 쓴 소설 《예브게니 오네긴》에서 삶을 이렇게 노래했다.

"아! 운명은 너무도 많은 것을 앗아갔다!
포도주 가득 찬 술잔을
다 비우지도 않고

인생의 연회를 일찌감치 떠나버린 자,
마치 내가 오네긴과 헤어진 것처럼
인생의 소설을 다 읽지도 않고
별안간 책장을 덮을 수 있는 자는 행복하도다."

이것은 역설적 표현이다. 이별이 있기에 사랑은 너무나 아름답고, 죽음이 있기에 삶은 너무나 소중하다. 누구나 꿈꾸지만 쉽게 이룰 수 없는 사랑의 영원성. 푸시킨에게도 그것은 결코 풀 수 없는 영원한 수수께끼였다. 푸시킨은 자신의 시처럼 그렇게 살다 갔다. 사랑 속에 잉태한 이별에 굴복하기보다 사랑의 영원성을 추구하다 기꺼이 죽음의 이별을 맞이했다. 이사도라 덩컨의 죽음이 한편의 전위적 춤이었듯 푸시킨의 죽음은 한 편의 시였다.

푸시킨처럼 결투로 최후를 맞이한 러시아 시인이 있었으니, 아르바트 거리에서 젊은 시절을 보낸 미하일 레르몬토프다. 레르몬토프는 1837년 푸시킨이 결투로 죽자 푸시킨의 죽음은 러시아 귀족 사교계의 음모라고 비난하는 〈시인의 죽음〉이란 시를 발표했다. 그는 죽음조차도 푸시킨을 따랐다. 레르몬토프 박물관은 새 아르바트 거리 건너편 몰차놉스카 거리 2번지에 있다.

푸시킨 부부 동상 옆 건물은 모스크바 은행이다. 소설 《아르바트 거리의 아이들》을 쓴 작가 아나톨리 리바코프가 살던 집이다.

벽에 붙은 동판에는 리바코프의 얼굴과 함께 그가 '1919년부터 1933년까지 살았던 집'이라는 설명이 있다. 스탈린 시대의 암울한 상황을 비판한 리바코프의 소설은 서울올림픽이 열린 1988년 '아르바트의 아이들'이란 이름으로 우리나라에 소개되어 베스트셀러가 되기도 했다. 교향곡 〈법열의 시〉로 유명한 러시아 음악가 알렉산드르 스크랴빈의 박물관은 아르바트 거리와 만나는 골목길 니콜로페스콥스키 11번지에 있다. 아르바트 거리에는 푸시킨뿐 아니라 수많은 예술가의 발자취가 어려 있기에 그 흔적을 찾아가는 재미가 쏠쏠하다. 아르바트 거리는 숨겨진 문학의 거리요, 예술의 거리다.

나는 리바코프의 집을 지나 삼거리에서 구부정한 자세로 바지 주머니에 손을 넣고 어디론가 걸어가는 동상을 만났다. 러시아 음유시인 불라트 오쿠자바다. 아르바트 거리 43번지, 기타 치며 노래하는 오쿠자바의 생가다. 동상 옆에는 러시아 음식 체인 '무무'의 상징인 젖소 조형물이 놓여 있는데, 젖소가 오쿠자바 동상을 물끄러미 쳐다보고 있다. '무무(음메), 아저씨는 누구신데 여기서 어슬렁거리며 다니시오? 요즘 우리 식당 장사가 잘 안되는데, 조금 비켜주시면 안 될까?' 오쿠자바는 귀여운 무무에게 '손님을 끄는 데는 노래가 최고지'라며 당장이라도 기타를 꺼내 노래를 불러줄 것만 같다. 오쿠자바 동상 뒤 아치형 조형물에는 그의 노래시 〈아르바트 거리의 노래〉가 새겨져 있다.

"너의 낯선 이름과 너의 아스팔트는
강물처럼 흐르고 강물처럼 투명하다.
아, 아르바트 거리, 나의 아르바트 거리여,
너는 나의 부름이요,
너는 나의 기쁨이요, 나의 불행이다."

러시아가 사랑한 고려인 가수, 빅토르 최

오쿠자바를 뒤로하고 또 다른 저항 가수 빅토르 최를 찾아 나섰다. 잠깐, 한 발을 떼자마자 왼쪽으로 '테레목' 체인점이 보였다. 테레목은 러시아 팬케이크 블리니를 파는 패스트푸드 프랜차이즈다. 반죽할 때 물 대신 우유를 넣는 블리니는 겉은 바삭하고 속은 부드러워 배낭여행자에게 간단한 한 끼 식사로 알맞다. 견물생심인지, 파블로프의 개인지 내 배가 꼬르륵 소리를 내기 시작했다. 그래, 쉬었다 가자. 먹다 죽은 귀신은 때깔도 곱다더라. 가게 안으로 들어갔다. 이건 완전 맥도날드 스타일이다. 버섯이 든 블리니와 생강차 맛이 나는 러시아 전통 음료 스비친을 주문했다.

아르바트 거리의 빅토르 최 추모벽

간식의 힘이 나를 다시 앞으로 나아가게 했다. 한 블록 떨어진 골목길에 러시아가 사랑한 고려인 3세 록가수 빅토르 최의 추모벽이 있다. 아르바트 거리와 크리보아르바츠키 거리가 만나는 첫 번째 골목이다. 그의 팬들이 남긴 추모의 글이 담쟁이처럼 추모벽을 타고 올라가고 있었다. 누군가 놓고 간 장미꽃 다발이 벽 아래에 남아 있고, 또 다른 누군가가 재떨이에 놓고 간 담배 한 개비는 홀로 하얀 연기를 내뿜으며 그가 부른 〈담배 한 갑〉을 떠오르게 했다. 1990년 8월 15일 빅토르 최가 죽자 슬퍼하던 팬이 벽을 지나가다 "빅토르 최, 오늘 죽었다"라는 글을 남겼다. 뒤이어 누군가 "최는 살아 있다"라고 응답하면서 추모의 글이 꼬리에 꼬리를 물고 이어졌다. 한번 뿌려진 추모의 씨가 고구마 줄기처럼 자라 이처럼 야외 기념관을 만들어냈다. 구구절절한 사모의 글이 먼저 간 젊음의 우상을 애타게 부르고 있다. "빅토르 최 돌아와!" "최, 너 혼자 먼저 가다니…" "하늘에서 보자" "너 없이는 못 살아" "빅토르! 너는 영원히 우리의 심장에 함께 있다."

빅토르 최의 추모벽은 그의 팬이라면 누구나 쓰고 싶은 글을 남기는 낙서의 벽이자 마음속 추모 공간이다. 빅토르 최는 1985년 러시아 개혁개방 정책과 함께 화산이 폭발하듯 러시아 대중 앞에 나타났다. 그가 부른 자유에 대한 갈망, 변화에 대한 열망, 평화에 대한 열정이 러시아 젊은이들의 가슴을 뒤흔들었다. 그가 남긴 대표곡 중 하나인 〈변화〉는 당시 시대 상황을 대변한다.

"변화를! 우리의 가슴은 요구한다.
변화를! 우리의 눈동자는 요구한다.
우리의 웃음과 눈물과
우리의 고동치는 핏줄에
변화를!

우리는 변화를 원한다."

추모벽 앞에는 가끔 기타를 멘 젊은이들이 찾아와 그의 대표곡인 〈변화〉 〈혈액형〉 〈태양이라는 이름의 별〉 등을 부른다고 한다. 1999년에는 러시아 헌정 기념 우표에 등장할 정도로 죽은 뒤에도 러시아 국민이 사랑하는 국민 가수 빅토르 최는 고려인 2세와 러시아인 어머니 사이에서 태어났다. 그가 태어난 카자흐스탄 크질오르다는 봉오동 전투의 영웅 홍범도가 극장 야간 수위를 하다 쓸쓸히 죽어간 곳이다. 빅토르 최의 할아버지는 연해주에서 홍범도와 같은 열차를 타고 중앙아시아로 끌려왔는지도 모른다. 박헌영의 부인 주세죽은 1938년 크질오르다로 유배당했는데, 주세죽과 그의 할아버지는 이웃사촌이었는지도 모른다. 고려인의 피가 흐르던 빅토르 최는 오랫동안 그리워했던 할아버지의 나라 한국에서의 공연을 얼마 앞두고, 그것도 광복절에 숨졌다. 그의 죽음에는 구한말 조국을 떠나 결코 돌아오지 못한 고려인 디아스포라의 아픔이 서려 있다.

투란도트 공주가 수수께끼를 내면

아르바트 거리는 계속해서 아기자기한 재미들이 이어진다. 바흐탄고프 아카데미 극장 앞에는 '투란도트 공주의 분수' 조형물이 있는데, 황금색 옥좌에 앉아 있는 투란도트 공주가 인상적이다. 바흐탄고프 아카데미 극장은 20세기 초 러시아의 연극 연출가 예브게니 바흐탄고프를 기념하는 공연장으로, 그의 대표작이 1922년의 〈투란도트〉다. 그가 연출한 〈투란도트〉는 '공주는 잠 못 이루고'의 아리아로 유명한 푸치니의 오페라 〈투란도트〉가 아니라 이탈리아 극작가 카를로 고치가 1762년에 쓴 연극 〈투란도트〉다. 푸치니가 1924년 작곡한 오페라는 이 연극 〈투란도트〉 대본을 각색한 것이다.

나는 투란도트 공주와 눈이 마주치는 순간 시선을 획 돌렸다. 공주가 나를 붙잡고 죽음의 수수께끼를 낼지도 모르니까. 내가 아무리 예술에 무지한 무지렁이라도 투란도트의 정체쯤은 안다. 남자라면 누구라도 그녀와 결혼하고 싶어 할 절세미녀지만, 선문답 같은 세 개의 수수께끼 중 하나라도 맞히지 못하면 바로 목을 베어버리는 잔인한 얼음공주 아니던가. 나는 티무르 왕자 칼라프처럼 기꺼이 목숨을 내걸고 투란도트의 수수께끼에 도전할 만큼 용기 있는 인물이 못 된다. 만약 내가 객기를 부려 공주의 수수께끼에 도전했다면 틀림없이 목이 달랑 날아갔을 터. 아르바트 거리에 가면 오늘도 목숨을 내놓고 수수께끼에 도전할 용감한 여행자를 찾는 투란도트 공주의 오만한 자태를 볼 수 있다.

혹시 한순간 정신줄을 놓아 그녀의 유혹에 넘어갈지도 모를 여행자를 위해 투란도트의 유혹에서 살아남는 비법을 알려주겠다. 그녀가 문제를 내면 무조건 '희망' '피' '투란도트'라고 순서대로 답해라. 1762년 연극 〈투란도트〉가 나온 이래 공주는 항상 똑같은 순서로 똑같은 질문을 던졌으니 걱정하지 마시라. 그녀가 던지는 자다가 봉창 두드리는 질문은 이렇다. '밤마다 나타나 어둠을 비추고 다음 날 아침이면 죽어 없어지는 것은?' '태어날 때는 열병과 같이 뜨겁다가 죽을 때는 차가워지는 것은?' '그대에게 불을 붙이는 얼음은?'

스타벅스가 보이더니 나이키 매장이 나왔다. 그 뒤의 건물 측면에는 미국의 '큰 바위 얼굴' 같은 커다란 초상화가 그려져 있었다. 가슴에는 수많은 훈장을 줄줄이 달고 어깨에는 왕별 하나를 자랑스럽게 붙인 그의 다부진 표정이 인상적이다. 나는 고개를 들어 그 인물을 바라보았다.

"당신은 뉘신지요?"

"이거 섭섭하구려. 당신이 조금 전 마네지 광장에서 봤던 기마상의 주인공이 아니오?"

"아이고 미안하오, 주코프 장군. 모자를 벗어 다른 사람인 줄 알았소."

그림의 주인공은 제2차 세계대전의 영웅 주코프 원수였다. 건물 벽에 주코프의 얼굴을 왜 그리 크게 그려놓았는지는 모르겠지만, 아마도 오늘날 러시아가 누리는 자유와 평화를 있게 한 인물의 희생을 잊지 말라는 뜻이 아니겠는가.

톨스토이의 집 박물관

아르바트 거리가 끝났다. 건너편으로 아르바트스카야 지하철역이 보였다. 역으로 가면 무어 양식으로 지은 독특한 모양의 아르세니 모로조프 저택이 있다. 문제는 오른쪽으로 가느냐 왼쪽으로 가느냐다. 왼쪽의 니키트스키 대로 쪽으로 가면 고골 박물관과 차이콥스키 음악원, 고리키 박물관, 안톤 체호프 박물관, 불가코프 박물관이 나온다. 오른쪽의 고골렙스키 대로를 따라가면 고골 동상과 소설 《고요한 돈강》을 쓴 미하일 숄로호프의 노 젓는 동상을 만난다. 푸시킨 미술관과 구세주 그리스도 성당도 볼 수 있다. 무엇보다 '톨스토이의 집 박물관'이 있다. 프로스트의 두 갈래 길에서 선택은 언제나 여행자의 몫이다. 자신이 좋아하는 문학가를 따라가라.

톨스토이 생가와 묘지가 있는 툴라의 야스나야폴랴나까지 갈 수는 없는 사람에게 모스크바 톨스토이의 집 박물관은 소박하지만 감초 같은 역할을 한다. 톨스토고 거리 21번지에 있는 톨스토이의 집 박물관은 톨스토이가 1882년부터 20년간 겨울을 보낸 집으로, 이곳에서 《부활》 등의 작품을 완성했다. 톨스토이의 집 박물관을 찾는다면서 엉뚱하게 크렘린 근처 프레치스텐카 거리에 있는 '톨스토이 박물관'으로 가면 안 된다. 목조 가옥인 톨스토이의 집 박물관에는 일리야 레핀이 그린 초상화와 책상, 원고와 펜 등이 전시되어 있다. 무엇보다 2층 거실을 주목해야 한다. 손님들이 오면 차를 대접하는 러시아 전통 주전자인 사모바르가 놓여 있고, 피아노도 그대로 보존되어 있다. 톨스토이는 바로 이곳에서 체호프와 고리키, 오스트롭스키, 부닌, 레스코프 등과 문학을 이야기하고, 라흐마니노프와 림스키코르사코프, 스크랴빈의 피아노 연주를 듣고, 샬랴핀이 부르는 노래를 들으며 명상에 젖기도 했다.

라이너 마리아 릴케는 연인 루 살로메와 함께 1899년 모스크바에서 톨스토이를 만나 차를 대접받았다고 했는데, 아마 이곳에서 만나지 않았을까? 톨스토이와 릴케를 좋아하는 사람이라면 당연히 톨스토이의 집 박물관으로 발길을 돌려야 한다. 스물네 살이던 릴케는 열네 살 연상이던 연인 살로메와 함께 두 차례 톨스토이를 만났다. 스물넷의 한창 젊은이가 서른여덟의 여인과 함께 일흔한 살의 대문호를 찾아와 차를 마시면서 문학과 사랑, 종교와 삶에 대해 진지하게 논의하는 모습이 떠오른다. 2층 거실에서 앞쪽의 넓은 정원을 바라보니 아직 푸르고 커다란 나뭇잎들이 여름날의 햇볕을 만끽하고 있는데, 릴케는 왜 그리 '가을날'을 재촉했는지 모르겠다.

"주여, 때가 왔습니다. 지난여름은 참으로 위대했습니다.
당신의 그림자를 해시계 위에 얹으시고
들녘엔 바람을 풀어놓아 주소서."

노보데비치 수도원과 참새의 언덕

노보데비치 수도원과 백조의 호수

모스크바강을 따라 차로 10분 정도 걸리는 노보데비치 수도원으로 갔다. 노보데비치 수도원 앞에는 멋진 호수 공원이 있다. 오리 가족 동상이 나를 반갑게 맞았다. 엄마 오리가 앞장서고, 여덟 마리 새끼 오리가 졸졸 따라가는 조형물이다. 1991년 아버지 부시와 고르바초프의 미·소 정상회담 당시, 부시 대통령의 부인 바버라 여사가 러시아 어린이들에게 선물한 것이다. 오리 동상의 머리 부분은 사람들의 손때에 반지르르 빛이 났다. 행운이 따른다는 러시아 사람들의 그 못 말리는 속설 때문이다. 엄마와 놀러 온 대여섯 살 여자아이가 오리 동상에 올라타 해맑게 웃고 있었다.

노보데비치 수도원

공원 안쪽에 맑은 호수가 숨어 있다. 차이콥스키는 이곳에서 산책하다가 호수에서 헤엄치는 백조를 보고 〈백조의 호수〉의 영감을 얻었다. 그런데 눈을 씻고 찾아봐도 백조는 한 마리도 보이지 않고, 짙은 갈색의 청둥오리 몇 마리가 백조 흉내를 내듯 호수 위를 어슬렁거리며 헤엄치고 있었다. 꿩 대신 닭이다.

호수 뒤로 노보데비치 수도원이 한눈에 들어왔다. 푸른 공원과 맑은 호수, 언덕 위의 수도원은 그대로 한 폭의 아름다운 수채화였다. 호수에 비친 수도원 그림자는 그림처럼 황홀했다. 하얀 성

벽으로 둘러싸인 신비한 수도원이 물구나무를 선 채 통째로 호수 속으로 들어가 있었다. 뜬금없이 요가의 물구나무 자세가 떠올랐다. 여름에 호수에 들어가 물구나무 자세로 요가를 하면 얼마나 시원할까? 나르키소스가 덥석 뛰어들지나 않을까 걱정이다. 어두운 밤이 되어 호수에 달빛이 비치면, 백조가 호수에서 나와 아름다운 오데트 공주로 변신할 것만 같다.

나는 엉뚱한 상상을 했다. 오랜 옛날, 낮에는 백조들이 이 호수를 헤엄쳐 다니고 밤이 되면 하얀 수녀복을 입은 수녀들이 여름 무더위를 피해 호수에서 목욕을 했을 테다. 차이콥스키는 흰색과 검은색의 수녀복을 보면서 백조 오데트와 흑조 오딜을 생각했을 테고. 러시아에는 옛날부터 이런 상상을 가능케 하는 '백조와 사냥꾼' 전설이 내려온다. 사냥꾼이 목욕하는 백조의 옷을 감춰 결혼했으나 몇 년 뒤 백조는 자신의 옷을 찾아 하늘로 날아갔다는 이야기다. 러시아판 '선녀와 나무꾼'이다. 실제 발레 〈백조의 호수〉는 러시아에 널리 알려진 이 전설에 바탕을 두고 있다.

호수 건너편 언덕에 자리한 노보데비치 수도원은 금남의 성이다. 여성만이 거주하던 금남의 수녀원이 갖는 특유의 묘한 분위기 때문인지 수도원은 범접할 수 없는 비밀의 성처럼 다가온다. 속곳에 감춘 여인의 속살처럼 성벽의 수도원은 신비감을 물씬 풍겼다. 수도원 안의 6층 붉은 탑은 종탑으로, 멀리서도 노보데비치 수도원이라는 것을 알리는 등대 역할을 한다. 하얀색 건물은 유명한 스몰렌스크 성당이고, 붉은색 건물은 우스펜스키 교회다. 미하일 불가코프는 《거장과 마르가리타》에서 "수도원의 양파형 돔에 부딪힌 태양이 조각나며 반짝인다"라며 노보데비치 성당의 아름다움을 묘사했다. 실제 태양이 스몰렌스크 성당의 황금빛 돔에 부딪히며 산산조각 나는 모습은 마치 용접용 불꽃이 튀는 것처럼 강렬했다. 호숫가에 있는 모서리 성벽 탑은 나프르드나야 탑(연못가 탑)인데, 그 탑에 붙어 있는 2층짜리 하얀색 건물이 표트르 대제에 의해 쫓겨난 이복누이 소피아 공주가 유폐된 장소다.

노보데비치 수도원은 바실리 3세가 폴란드로부터 스몰렌스크 지역을 탈환한 것을 기념해 1524년 세웠다. 바실리 3세는 대제 이반 3세의 아들이자 폭군 이반 4세의 아버지이다. 노보데비치는 '새로운 처녀'라는 뜻인데, 크렘린의 스타로데비치(노처녀) 수녀원과 구별하기 위해 그렇게 이름을 지었다. 황족과 귀족 여성을 위한 수녀원인 노보데비치는 한때 요새로 쓰였고, 다음에는 유배지로, 소련 시절에는 여성 해방 박물관으로 쓰였으니 수도원치고는 기구한 운명을 타고났다.

노보데비치 수도원은 외로운 황족들의 은신처 역할을 하기도 했지만, 권력을 둘러싼 정치적 음모의 장소와 유배지가 되기도 했다. 표도르 1세의 아내 이리나 고두노바는 남편이 죽은 뒤에,

표트르 대제의 첫 아내 옙도키야 로푸히나 황후는 이혼 후에 말년을 여기서 보내며 외로움을 달랬다. 그러나 16세기 말 노회한 보리스 고두노프는 권력 교체기에 누이동생 이리나 황후를 데리고 이곳으로 피신했다가 차르의 자리에 올랐으며, 1689년 섭정을 하던 소피아 공주는 쫓겨나 평생 수녀로 갇혀 지내다 이곳에 묻혔다. 트레차코프 미술관에 있는 일리야 레핀의 〈노보데비치 수도원에 유폐된 소피아 공주〉는 처형된 측근의 목이 창문으로 보이자 놀란 표정을 짓는 소피아를 그리고 있다. 실제로 표트르 대제는 탑 위에 소피아의 추종자들을 목매달아 그녀의 방에서 보이게 했는데, 쿠데타는 꿈도 꾸지 말라는 경고의 메시지였다. 수도원에 유폐되었음에도 하라는 마음공부는 하지 않고 호시탐탐 권력 복귀만을 노렸으니 말이다.

노보데비치 묘지에 잠든 김규면

수도원 옆에 있는 노보데비치 묘지를 그냥 지나쳐서는 안 된다. 상트페테르부르크에 알렉산드르 넵스키 수도원 묘지가 있다면 모스크바에는 노보데비치 수도원 묘지가 있다. 노보데비치 묘지는 아무나 묻힐 수 있는 일반 공동묘지가 아니라 크렘린 벽 묘지와 함께 사실상 국가가 관리하는 국립묘지다. 이곳에 잠들어 있는 인물들의 면면이 이를 말해준다. 작가 체호프, 고골, 투르게네프, 마야콥스키, 불가코프, 음악가 쇼스타코비치, 스크랴빈, 로스트로포비치, 영화감독 예이젠시테인, 무정부주의 사상가 크로폿킨, 발레리나 갈리나 울라노바, 개를 사랑한 코미디언 유리 니쿨린, 그리고 정치가 흐루쇼프, 옐친, 몰로토프, 고르바초프의 부인 라이사…. 고르바초프도 죽으면 부인 라이사 옆에 묻히기로 이미 묘역이 조성되어 있다. 현재 2만 7,000명이 넘게 묻혔는데 유명인 무덤만 270여 기나 된다. 이들 유명 인사들은 대부분 묘지 2영역에 묻혀 있다.

내가 이곳을 찾은 것은 꼭 이들을 만나기 위한 것은 아니다. 러시아인이 아무도 찾지 않는 외진 벽면 묘지에 우리에게 잊힌 독립운동가가 있다. 파도처럼 출렁이는 러시아 국기 조형물로 만든 6영역의 옐친 대통령 무덤을 지나면, 그 옆으로 한글 이름의 벽면 묘지가 단박 눈에 들어온다. 벽면 묘지 131번, 연해주의 전설적 항일투사였던 백추 김규면 선생(1880~1969)의 묘다. 묘비 상단에 김규면의 사진이 있고, 그 아래 러시아어와 한글로 '김백추'라는 이름이 같이 쓰여 있다. 백추는 그의 호다. 합장한 부인 김나제즈다(1887~1973)의 사진과 이름도 같이 있다. 한국인으로 유일하게 이곳에 묻힌 김규면은 봉오동 전투의 영웅이자 대한민국 임시정부 교통총장에 내정됐던 독립운동가로, 홍범도와 김좌진에 견줄

노보데비치 수도원 묘지에 있는 김규면 선생 묘(출처: 독립기념관)

만한 빨치산 영웅이다. 한국 국립묘지에 묻혔다면 영웅 중의 영웅으로 추앙받았을 김규면은 외진 벽면에서 러시아인들 사이에 마치 무명용사처럼 잠들어 있다. 그가 이곳에 묻힐 수 있었던 것은 1967년 러시아 혁명 50주년을 맞아 소련 정부로부터 적기훈장을 받았기 때문이다. 묘비에는 "극동에서 소비에트 권력을 위한 투쟁에 참가"라는 공적이 쓰여 있다. 그는 2002년 대한민국 정부로부터도 건국훈장 독립장을 받았으니 한국과 소련 두 나라로부터 최고 훈장을 받은 드문 사례다.

김규면이 독립유공자로 선정된 다음 해인 2003년 한국을 처음 방문한 그의 손녀 김에밀리아(당시 70세)는 말했다. "여기가 정말 제 할아버지의 조국입니까? 그동안 조국으로부터 버림받은 줄 알고 살아왔습니다. 그런데 막상 조국 땅을 밟으니 이렇게 따뜻할 수가 없네요." 이국땅에서 외로이 죽어간 늙은 독립투사의 손녀가 남긴 말이 오랫동안 귓전을 때린다.

함북 출신의 기독교 목사였던 김규면은 1920년 대한신민단 단장으로 대한독립군 홍범도와 연합하여 봉오동 전투에서 일본군 1개 대대를 궤멸하는, 독립운동사에 길이 남을 전과를 올렸다. 그 뒤 러시아 적군과 연계하여 일본군의 지원을 받던 백군을 몰아내는 데 큰 전공을 세워 볼셰비키의 내전 승리에 기여했다. 말년에 모스크바에서 연금을 받으며 어렵게 살던 그는 1969년 교외 양로원에서 쓸쓸히 눈을 감았다. 연해주에 남아 있던 그의 아들과 손자들은 1937년 스탈린에 의한 고려인 중앙아시아 강제 이주로 뿔뿔이 흩어졌다. 김규면처럼 연해주에서 무장투쟁을 한 사회주의 계열 독립투사들은 해방 뒤 찬밥 신세가 됐다. 북쪽은 김일성의 항일 빨치산만을 정통으로 여기며 그들을 무시했고, 남쪽은 사회주의 계열이라는 이유로 애써 눈을 감았다. 남북 분단은 독립운동까지 갈라놓았다. 남북 통일 이전에 민족주의와 사회주의로 분단된 독립운동부터 먼저 통일해야겠다.

모스크바시 외곽 노보 프라지노 공동묘지에는 대한민국 정부로부터 건국훈장을 받은 연해주 독립투사 강상진의 묘도 있다. 러시아 전역에는 우리가 몰랐던 수많은 독립운동가가 잠들어 있다. 어쩌면 시베리아 횡단철도를 따라 피어나는 붉은 야생화는 우리 독립운동가들의 피눈물일지도 모른다.

모스크바 대학, 건물은 사회주의, 강의는 자본주의

저녁을 먹으러 버스를 타고 가다가 모스크바강이 크게 휘어 돌아가는 지역을 지났다. 건너편으로 초고층 빌딩들이 쑥쑥 하늘로 올라가고 있었다. 높이 255미터의 '이볼루션 타워'와 374미터의 '페더레이션 타워'라고 한다. '모스크바 시티'라 부르는 모스크바 국제비즈니스센터다. 스키 슬로프 같은 모양의 독특한 빌딩도 보였는데, 마치 서울 강북에서 한강 건너편의 강남 빌딩 숲을 보는 듯했다. 새로운 마천루들이 모스크바 시내 스카이라인을 완전히 바꾸고 있었다.

저녁을 먹은 식당은 모스크바 대학에서 그리 멀지 않은 콜스톤 호텔 지하의 한국 음식점이었다. 과거 카지노가 있던 호텔 지하에는 한식당과 중식당, 일식당이 몰려 있어 아시아 여행자들이 많이 보였다. 오랜만에 김치찌개로 배를 든든히 채우니 혈액 순환도 좋아지고 힘이 솟는 듯했다. 송충이는 솔잎을 먹어야 하고, 뽀빠이는 시금치를 먹어야 하고, 단군 후예는 김치를 먹어야 한다. 한식당 주인이 식당 한편에서 시베리아 녹용을 팔고 있었는데 눈길도 안 간다. 이미 내 배에는 '조선의 녹용' 김치찌개가 잔뜩 똬리를 틀고 있으니 녹용이며 산삼이며 웅담이 무슨 필요가 있겠는가? 한식당 얘기가 나온 김에 모스크바의 맛있는 한식당을 또 한 곳 추천한다면, 북한 식당 '고려'다. 평양온반과 회냉면, 순대가 유명한 전통 평양 식당이다. 맛? 끝내준다. 설마 여행기에 맛집으로 조선민주주의인민공화국 식당을 추천했다고 국가보안법으로 처벌받지는 않겠지?

모스크바에 어둠이 깔리고 거리에는 가로등 불빛이 반짝이기 시작했다. 식곤증으로 게슴츠레 감기던 내 눈도 어느새 올빼미 눈처럼 동그랗게 커지며 반짝반짝 빛나기 시작했다. 저녁 8시 무렵, 야경이 근사하다는 '참새 언덕' 전망대에 올랐다. 참새 언덕 뒤로 모스크바 국립대학(엠게우)이 대낮처럼 빛을 밝히고 있었다. 러시아의 미래를 짊어진 학생들이 밤새는 줄 모르고 공부에 열중하고 있었다. 오래전 낮에 모스크바 대학을 방문한 적이 있는데, 건물 규모와 연구에 몰두하는 학생들의 진지한 자세와 활기가 인상적이었다. 자작나무가 즐비한 모스크바 대학은 예전 모습 그대로였다.

밤에도 환한 불을 밝히고 있는 모스크바 대학

1755년 세워진 모스크바 대학은 애초 모스크바 시내에 있었으나 스탈린 시절이던 1953년 지금의 장소로 옮겼다. 모스크바 대학은 36층으로, 스탈린의 7자매 중 가장 높은 240미터다. 대학 건물에는 공산주의의 상징인 별과 이미 역사 속으로 사라진 소련의 약칭 CCCP, 노동자와 농민을 상징하는 낫과 망치의 옛 문장이 그대로 남아 있었다. 그러나 교실에서는 마르크스의 《자본론》 대신 애덤 스미스의 자본주의 경제학 강의가 활발히 이뤄지고 있다고 한다. 사회주의 건물에 자본주의 커리큘럼이다. 설마 모스크바 대학의 구호가 "만국의 노동자여, 단결하라!"에서 "만국의 학생이여, 경쟁하라!"로 바뀌지는 않았겠지? 모스크바 대학은 투르게네프와 체호프, 파스테르나크, 러시아 사회주의의 아버지 게르첸, 추상미술의 아버지 칸딘스키, 반체제 인권운동가 사하로프, 마지막 소련 대통령 고르바초프가 나온 세계적 대학이다.

참새 언덕, 《거장과 마르가리타》

모스크바 대학 앞 참새 언덕 전망대는 야경을 구경하려는 사람들로 북적거렸다. 옛 소련 시절 '레닌 언덕'으로 강제 개명 당한 아픔을 간직한 언덕이다. 전망대 바닥의 맨홀 뚜껑을 보니 참새 그림과 함께 '보로비요비 고리'(참새 언덕)라고 새겨져 있다. 그러나 사실 언덕 이름은 참새와 아무 관련이 없다. 옛날 러시아 귀족 중 참새를 의미하는 '보로베이'와 비슷한 발음의 '보로비요프'라는 가문이 있었는데, 그 가문이 살던 이곳 마을의 언덕을 '보로비요비 고리'(보로비요프 마을의 언덕)라 부르면서 '참새 언덕'으로 잘못 알려지게 되었다고 한다. 이름의 유래야 어떻든 참새 언덕만큼 앙증맞고 깜찍한 이름도 없다.

언덕 한편에 할리 데이비슨과 BMW, 두카티, 야마하 등 고급 오토바이를 끌고 온 바이크 애호가들이 끼리끼리 모여 있다. 이곳은 밤이 되면 오토바이 애호가들의 베이스캠프가 된다. 나는

참새 언덕에서 바라본 모스크바 야경. 앞쪽 가운데 원형 지붕 건물은 올림픽 스타디움

젊은 시절 오토바이를 무척 좋아했다. 오토바이는 늘 가슴을 뛰게 한다. 체 게바라가 오토바이를 타고 남미를 여행하는 영화 〈모터사이클 다이어리〉가 떠오르고, 나이 마흔이 되면 할리 데이비슨을 타고 세계 일주를 하고 싶다던 가수 김광석도 생각난다. 오래전 홀로 아프리카 종단 배낭여행을 할 때 김광석의 노래는 고독을 달래주는 길동무가 되어주었다. 어느 날 회사에 왔을 때 윤전기에서 막 나온 신문 용지에서 '김광석, 32세 젊은 나이에 저 하늘로 가다'라는 기사를 보고 깜짝 놀랐던 일이 엊그제 같다. '김광석의 모터사이클 다이어리'는 그렇게 하늘로 날아갔다.

모스크바 야경을 보기 위해 전망대로 갔다. 전망대는 이미 젊은 러시아 연인들의 사랑의 무대로 변해 있었다. 연인들은 전망대 대리석 난간 위에 함께 걸터앉아 두 손을 꼭 잡고 모스크바 시내 야경을 즐기고 있었다. 야경 삼매경을 구실로 연인들은 자연스럽게 서로의 허리를 휘감았다. 야경이 병풍처럼 펼쳐진 참새 언덕은 사랑의 경계를 순식간에 무너뜨리는 장소다. 그래서 결혼식을 마친 신혼부부들이 단골로 찾는 장소인지도 모른다.

어둠이 짙어질수록 야경은 언덕 가까이 다가왔다. 모스크바강이 둥글게 휘어 흐르고, 그 너머 1980년 모스크바 올림픽 주경기장 '루즈니키 올림픽 스타디움'이 보인다. 참새 언덕은 언덕이라고 하기에는 창피한 해발 220미터 높이지만, 모스크바가 워낙 평지다 보니 시내가 한눈에 들어온다. 오른쪽 공중의 생뚱맞은 철골구조물은 스키 점프대이다. 경기장 너머로 황금빛 돔이 빛나는 구세주 그리스도 대성당이 보이고, 크렘린과 붉은 광장은 어둠 속에 잠들어 있다. 모스크바강의 표트르 대제 동상과 고리키 공원, 예술인 아파트도 보이고, 노보데비치 수도원과 래디슨 로얄 호텔, 외무성 빌딩도 눈에 들어온다. 모스크바 국제비즈니스센터도 불을 환히 밝히고 있다. 예전에 낮에 왔을 때는 멀리 오스탄키노 타워도 뚜렷이 보였다.

공산주의 소련의 모순을 신랄하게 풍자했던 미하일 불가코프는 참새 언덕을 문학으로 불러들였다. 톨스토이의 《전쟁과 평화》에 포클론나야 언덕이 있다면, 불가코프의 《거장과 마르가리타》에는 참새 언덕이 있다. 여행 오기 전 인터넷에서 정보를 찾다 보니 어떤 여행기에 "나폴레옹이 참새 언덕에서 모스크바 시내를 내려다보는 광경이 톨스토이의 《전쟁과 평화》에 묘사되어 있다"라는 황당한 내용이 있었다. 그 뿌리를 찾아가니 놀랍게도 대한민국의 《두산백과》였다. 나폴레옹이 모스크바 시내를 내려다본 언덕은 참새 언덕이 아니라 승리 공원의 포클론나야 언덕이다. 누가 좀 《두산백과》에 제보해주기 바란다. 나는 전화 공포증이 있어서 전화하려면 손부터 덜덜 떨리는 터라…. 인터넷 시대에 잘못된 정보는 흑사병, 아니 메르스보다도 더 빠르게 퍼진다.

불가코프의 환상 소설 《거장과 마르가리타》는 참새 언덕에서 종말론적 대단원을 맞이한다. 이 소설 말미의 제31장은 제목 자체가 '참새 언덕 위에서'다. 주인공인 거장과 그의 애인 마르가리타는 참새 언덕에서 아름다운 모스크바를 내려다보며 마지막 작별 인사를 하고 영원한 안식처를 찾아 말을 타고 날아간다.

"참새의 언덕에서 폭풍은 흔적 없이 물러갔고, 하늘에는 색색의 무지개가 모스크바 전체를 아치 모양으로 덮으며 모스크바강에서 물을 마시고 있었다."

나는 무지개가 모스크바강 강물을 마시는 모습은 보지 못했지만, 밤거리 불빛이 어두운 모스크바를 메뚜기처럼 야금야금 갉아먹는 장면은 목격했다. 이제 모스크바 밤거리에서 어둠을 찾기는 빛을 찾기보다 힘들다. 참새 언덕은 언제쯤 불가코프가 꿈꾸던 무지개가 말을 타고 찾아오는 희망의 언덕이 되려나.

러시아 대문호를 만나러 가는 쿠르스키 기차역

시베리아 횡단열차를 타기 위해 참새 언덕에서 내려왔다. 고리키 공원을 지나 볼쇼이 크라스노홀름스키 다리를 건넜다. 오른쪽으로 쿠르스키 기차역이 보였다. 《안나 카레니나》의 브론스키가 안나가 죽은 뒤 죽음이 기다리는 전쟁터로 떠나던 역이다. 쿠르스키 기차역은 러시아 대문호들을 만나러 가는 러시아 문학 기행의 출발역이기도 하다. 체호프 생가가 있는 체호프시로 떠나는 통근 열차가 출발하고, 톨스토이 생가와 묘지가 있는 야스나야폴랴나와 툴라로 가는 열차도 여기서 떠나고, 투르게네프와 레오니드 안드레예프의 생가가 있는 오룔로 떠나는 기차도 이곳에서 출발한다.

모스크바 여행이 끝나가고 있었다. 두 번째 방문에 15년이 걸렸다. 모스크바 시내 건물은 하루가 다르게 하늘로 치솟고 있었다. 모스크바의 상승 본능은 마치 태양신 숭배와 같아 그 누구도 멈출 수 없나 보다. 다음에 올 때쯤이면 모스크바 시내가 온통 고층빌딩 숲으로 바뀌고, 사람들이 타잔처럼 줄을 타고 건물 사이를 이동하지는 않을까? 그때쯤이면 보도에는 원숭이들이 거닐고, 거리의 교통경찰은 오랑우탄이 맡고, 자동차는 고릴라가 운전하고, 비행기는 침팬지가 몰지도 모른다. 영화 〈혹성탈출〉처럼 엉뚱한 상상이 현실이 되지 말라는 법은 없으니까.

고춧가루의 비밀 이야기 3

나는 모스크바에서 러시아 사람에게 직접 고춧가루의 비밀을 물어보기로 작심했다. 수도인 모스크바에는 다른 도시보다 영어를 할 수 있는 사람이 많을 테니까. 점심을 먹은 러시아 식당에서 잠시 쉬고 있는 여자 종업원에게 다가갔다. 내가 "Excuse me"라고 하자 그녀는 당당하게 "Yes, sir!" 하고 영어로 대답했다. 드디어 비밀을 풀 절호의 기회가 왔다!

내가 영어로 "러시아 여자들이 평소 고춧가루를 들고 다니는 이유가 뭐냐"고 묻자 그녀는 갑자기 표정이 굳어졌다. 무슨 말인지 못 알아듣겠다는 표정이었다. 그러고는 바쁘다는 시늉을 하며 손님을 맞으러 서둘러 자리를 떴다. 영어를 못하는 것인지, 아니면 황당한 질문이라 피한 것인지 알 수 없다. 그녀의 뒤통수를 멍하니 바라봤다. 모스크바 현지인에게서 고춧가루의 비밀을 풀겠다는 나의 꿈은 이렇게 또 허무하게 무너졌다.

고춧가루의 비밀 이야기 4

기차역으로 가는 버스를 탈 때 일부러 한국인 가이드 옆자리에 앉았다. 버스가 이르쿠츠크행 야로슬라블 역에 도착할 무렵 가이드의 옆구리를 툭 쳤다. 내 입이 그의 귀로 은밀히 다가가 속삭였다.

"뭐 하나 물어봐도 되나요?"

"그럼요. 그런데 왜 이리 조심스럽게 물어보세요? 혹시 남자들 힘나게 하는 데 좋다는 러시아 웅담 사고 싶으신 건가요? 그런 건 불법이라 이제 안 돼요."

"아니, 그게 아니고요, 혹시 러시아 여자들이 고춧가루를 좋아하나요?"

"네? 러시아에는 고춧가루가 없는데요? 고춧가루는 한국 여자들이 좋아하는 것 아닌가요? 러시아 여자들은 후추를 좋아해요. 요리할 때 고기 냄새 없애려고 후추를 뿌리거든요."

상트페테르부르크에서처럼 모스크바에서도 고춧가루는 아예 대화 소재가 되질 않았다. 나는 또 머리를 긁적거리며 무안한 표정으로 물러났다. 가이드는 별 싱거운 사람 다 봤다는 표정이었다. 모스크바에서 수수께끼를 풀 기회는 이렇게 또 물 건너갔다.

〈고춧가루의 비밀 이야기〉는 계속됩니다.